KB202335

중세

지중해 교역은 유럽을 어떻게 바꾸었을까?

민음 지식의 정원 서양사편
005

지중해 교역은 유럽을 어떻게 바꾸었을까?

남종국

차례

머리말

지중해 교역은 유럽을 어떻게 바꾸었을까?

지중해는 고대부터 줄곧 인간과 상품, 정보, 기술 등이 끊임없이 오가는 교류의 장이었다. 하지만 지중해를 통한 교류의 규모와 성격은 시대별로 달랐으며, 여기서 주도적인 역할을 했던 주인공들 역시 시대적 부침을 겪었다. 1세기쯤 그리스의 지리학자 스트라본(Strabon, B.C. 64~A.D. 24)이 지중해를 두고 "우리의 바다(mare nostrum)"라고 이야기한 것처럼 로마 제국 시절의 지중해는 제국의 앞바다로써 제국의 통일성을 담보하는 역할을 했다. 330년 제국의 수도가 로마에서 콘스탄티노플로 옮겨 감에 따라 경제적 무게 중심이 동지중해로 이동했으나 지중해를 통한 교역 활동은 큰 중단 없이 지속되었다. 5세기 게르만 족의 지중해 진출로 지중해의 정치적 통일성은 와해되었지만, 지중해의 경제적, 종교적 통일성은 유지되었다. 7세기 아라비아 반도에서 급성장한 이슬람이 지중해로 진출하게 되면서 동로마 제국과 충돌이 불가피해졌다. 7세기 후반에서 8세기 초까지 이슬람 해군은 제국 깊숙이 콘스탄티노플 주변을 수차례 공략했지만 결정적인 승리를 얻지 못했다. 이후 10세기까지 지중해는 이들 두 해상 세력이 때론 격렬하게, 때론 소강 국면으로 대치하는 공간이었다.

11세기 지중해 세계의 정치적 판도에 또다시 변화가 나타나기 시작했다. 이전 이슬람의 지중해 진출로 인해 대륙으로 후퇴한 서방 기독교 세계가 경제 성장과 인구 증가에 힘입어 본격적인 지중해 진출을 모색하게 된 것이다.이 책에서 서기 1000년부터 1500년 사이 500년의 시간을 살펴보려는 가장 큰 이유는 이 시기 지중해를 통한 교류가 유럽 세계의 성장과 발전에 결정적인 역할을 했기 때문이다. 그런 맥락에서 이 글은 갈등과 전쟁이 아닌 교류와 접촉의 시각에서 500년간의 지중해 역사를 재구성하고자 한다. 500년의 지중해 역사를 종교적 대립과 갈등의 시각으로만 바라보면 많은 것들을 놓칠 위험이 있기 때문이다. 500년 지중해사에서 평화는 전쟁보다 오래 지속되었고 이는 지중해의 역사를 더 근본적으로 바꾸어 놓았다.

이 시기의 지중해 역사를 살펴보면서 우선적으로 고려할 점은 지중해 역사가 자연환경과 기술이 상호 작용해 만든 것이라는 사실이다. 특히 중세 지중해는 자연환경의 영향을 많이 받던 시공간이었다. 지중해 북쪽 해안이 남쪽 해안보다는 항해에 유리했고 그 덕분에 지중해 북쪽에 위치한 세력들이 더 성장할 수 있었다. 서풍이 우세한 지중해의 풍향 덕에 서지중해에서 동지중해로의 항해가 반대 방향의 경우보다 두 배나 빨랐다. 그렇다고 지리가 모든 것을 결정하지는 않았다. 자연의 힘에 맞선 인간들의 노력인 기술 역시 함께 고려해야 할 요소이다. 1300년쯤의 선박 제조 기술과 항해술의 발전은 이전까지 불가능했던 겨울 항해를 가능하게 만들었고 이를 통해 일 년에 두 번 투자하는 일이 가능해졌다.

또한 우리는 500년의 지중해 교류사를 통해 때론 상품이 역사를 바꾸어 나가는 모습을 볼 수도 있을 것이다. 지중해 교류의 핵심 거래 품목이었던 향신료는 유럽 역사에 지대한 영향을 미쳤다. 향신료에 대한 유럽 인들의 열광과 욕구는 향신료의 원산지를 찾아가는 모험을 감행하게 만들었다. 그런 점에서 향신료는 대항해 시대 즉 근대 세계를 만들어 낸 역사적 상품이라고 할 수 있다. 향신료 못지않게 대량으로 거래되었던 면화는 중세 유럽 인들의 의복 혁명을 가져 왔다. 지중해를 통한 원면의 대량 수송과 가공 덕분에 사람들은 저렴한 면직 옷을 입을 수 있게 되었다. 소아시아에서 생산된 명반을 대서양으로 수송하기 위해 제노바는 1000톤 이상의 초대형 범선을 제작하게 되었다. 중국에서 발명된 종이는 이슬람 세계를 통해 지중해에 전파되었고 중세 말 유럽은 종이를 대량 생산하게 되었다. 종이의 대량 생산과 소비가 없었다면 르네상스와 종교 개혁은 불가능했을지도 모른다.

많은 역사가들이 이 책에서 다루는 중세 후반 500년을 서유럽 기독교 세력이 주도권을 장악한 시기(Christian Mediterranean)로 평가하며, 특히 이탈리아 상인의 활약상을 강조한다. 그 결과 상대적으로 유대 상인과 이슬람 상인의 역할과 비중이 축소되는 경향이 있다. 이러한 시각을 일정 정도 바로잡기 위해 이 책에서는 유대 상인과 이슬람 상인이 중세 지중해 무역에서 어떤 역할을 했는지도 상세하게 살펴볼 것이다.

이 책에서 무엇보다도 강조하고자 하는 것은 중세 지중해 교류가 유럽 역사 발전의 원동력이었다는 점이다. 서유럽이 지중해로 다시 진출하던 1000년경은 비잔틴 제국과 이슬람 세계가 월등하게 발전된 시기였다. 후발 주자였던 서방 기독교 세계는 동방으로부터 다양한 방면에서 선진 문화를 섭취해 이를 바탕으로 도약의 계기를 마련할 수 있었다.

또한 이 시기의 교류는 서유럽 세계가 근대를 여는 데 중요한 밑거름이 되었다. 중세 말 이탈리아의 주요 상업 도시였던 피렌체와 베네치아가 근대의 여명을 알리는 르네상스 시대를 창조할 수 있었던 물질적인 배경은 지중해 교역을 통해 얻은 막대한 부였다. 그리고 중세 지중해 '항해 혁명(nautical revolution)'이라 불리는 항해 기술과 선박의 발전이 없었다면 콜럼버스와 바스코 다 가마는 아시아와 아메리카로 항해를 떠날 수 없었을 것이다. 그런 의미에서 지중해를 통한 500년 동안의 교류와 접촉은 근대 유럽 문명 탄생의 중세적 기원이었다고 말할 수 있을 것이다.

1

지중해의 자연환경은 어떠한가?

1184년 10월 초 무슬림 순례자 이븐 주바이르(Ibn Jubayr, 1145~1217)는 아크레 항구에 정박 중인 제노바 선박에 승선해 출항할 예정이었다. 그는 여행기에서 출발 상황을 다음과 같이 묘사했다.

"바람이 불지 않아 그곳에서의 체류가 12일 연장되었다. 이 지역에서 부는 바람은 하나의 비밀을 가지고 있다. 그것은 바로 봄과 가을 이외에는 동풍이 불지 않고, 그래서 봄과 가을 이외에는 항해를 할 수 없으며 상인들도 상품을 아크레로 들여올 수 없다는 것이다. 봄 항해는 동풍이 불기 시작하는 4월 중순에 시작해 5월 말까지 계속된다…… 가을 항해는 동풍이 다시 부는 10월 중순부터 가능하다. 가을 동풍은 봄 동풍보다 지속되는 시간이 짧지만, 상인들에게는 항해할 수 있는 기회다. 왜냐하면 가을 동풍은 기껏해야 15일 정도밖에는 불지 않기 때문이다."

12세기 무슬림 여행객의 이야기가 보여 주는 것처럼 중세 지중해 항해는 자연환경에 크게 좌우되었다. 인류의 역사를 자연환경과 기술의 상호 작용이라고 표현하는 것처럼 지중해 역사도 예외는 아니었다. 지중해의 역사를 이해하기 위해서는 자연환경에 대한 설명이 우선적으로 필요하다. 특히 중세에는 낮은 기술력 때문에 자연환경의 힘이 압도적으로 작용할 수밖에 없었다. 지중해의 지리와 기후는 선박의 형태, 항해의 주기, 항로 선택에 결정적인 영향을 미쳤다.

중세인들에게 지중해는 대서양과 북해에 비해 덜 거친 바다였다. 3월 말부터 10월 말까지 지중해에서는 맑은 날씨와 항해하기 좋은 바람, 높지 않은 파도를 기대할 수 있었다. 하지만 바다를 제외한 지중해 일대의 전반적인 자연환경은 인간의 생업 활동에 그렇게 유리하지는 않았다. 이 지역은 여름이 고온 건조하고 겨울이 온난 다습하다. 또한 지반 붕괴로 깊은 바다가 형성되어 어족 자원이 번식하는 해저 200미터 미만의 대륙붕이 거의 없기 때문에 산호 채취를 제외하면 대규모 어업이라고 할 만한 것이 없었다. 바다만큼 연안 지방도

척박했다. 지중해 연안에 자라는 나무는 작은 관목뿐이어서 선박을 만들 수 있는 충분한 목재를 구하기 어려웠다. 지중해의 대표 작물은 밀, 포도주, 올리브인데 밀은 쌀에 비해 수확량이 적을 뿐만 아니라 지력을 쉽게 고갈시키기 때문에 2~3년을 주기로 휴경을 해야만 했다. 이런 조건에서 봄 기온이 조금 상승하고 여름에 비가 조금 덜 오면 사람들의 삶은 치명적인 타격을 입을 수밖에 없었다.

해류, 바람, 해안선의 형태와 같은 지형적 요소는 항해에 결정적인 영향을 미쳤다. 지중해는 해수의 증발량이 유입되는 수량보다 많은 바다로 표층수가 시계 반대 방향으로 흐른다. 이는 연중 강수량이 적고, 나일 강, 포 강, 론 강을 제외하면 지중해로 흘러 들어가는 큰 강이 별로 없기 때문에 생긴 현상이다. 대서양과 흑해에서 지중해로 막대한 수량이 유입된 결과 시계 반대 방향의 해류를 만들어 낸 것이다. 대서양에서 지브롤터로, 흑해에서 에게 해로 많은 양의 물이 흘러 들어오면서 생긴 빠른 유속은 대서양과 흑해 진출을 어렵게 만들었다. 주요 항로가 위치한 북쪽 해안의 경우 반 시계 방향의 해류는 동지중해에서 서지중해로의 항해에 유리하게 작용했다. 반면 서풍이 우세한 지중해의 풍향은 동지중해에서 서지중해로의 항해를 불리하게 만들었다. 전체적으로 해류보다는 바람이

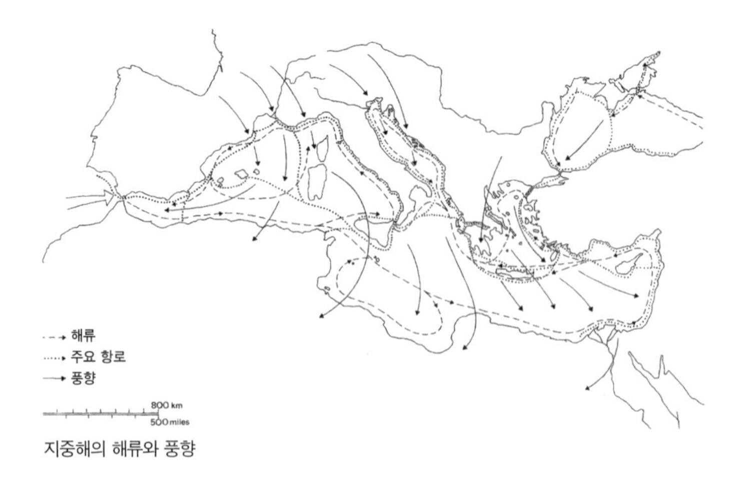

지중해의 해류와 풍향

항해에 더 많은 영향을 미쳤던 것으로 보인다. 왜냐하면 순풍을 이용하는 서지중해에서 동지중해로의 항해가 순방향의 해류를 이용할 수 있는 동지중해에서 서지중해로의 항해보다 두 배나 빨랐기 때문이다.

지중해 북쪽 해안은 항해에 유리한 지형이었다. 높은 해안선 덕에 배에서 육지를 식별하기가 용이했고, 다수의 만과 해변은 대피하기에 적합했으며, 해수면의 급경사는 연안 항해에 유리했다. 반면 북아프리카 해변은 지형이 낮고, 대피소가 될 만한 자연 지형들이 많지 않았다. 또 얕은 바다가 길게 펼쳐진 데다 암초도 많아 배가 난파할 위험이 있었다. 특히 육지에서부터 몇 킬로미터씩 펼쳐져 있는 얕은 지형과 암초로 유명한 북서아프리카의 세우타에서 튀니지까지는 고대 이래 선박의 무덤으로 유명했다. 14세기 기독교 순례 여행객 루돌프 폰 주헴(Rudolph von Suchem, 1300~1377/78)은 “감히 누구도 남쪽 바르바르 해안으로 항해하지 못할 것이다. 왜냐하면 많은 암초와 모래톱이 물 밑에 숨어 있기 때문이다.”라면서 북서아프리카 해안의 위험을 경고했다.

낮은 기술력 역시 항해를 제한했다. 지중해를 오가던 범선과 갤리선들은 겨울에는 항해가 불가능했다. 또한 별이나 바람 등의 자연 지표를 기준으로 방향을 잡았기 때문에 날씨가 좋지 않을 때는 항해를 피했다. 그래서 13세기 후반까지 지중해에서는 겨울 항해가 금지되었다. 자석 나침반이 도입되어 나쁜 기상 조건에서도 위치를 파악할 수 있게 된 뒤에야 비로소 겨울 항해가 가능해졌다. 선박 건조 기술도 항로에 영향을 끼쳤다. 건현이 낮은 갤리선들은 먼 바다로 나가면 파도에 전복될 위험이 있고, 충분한 식수와 식량을 선적할 수 없어서 보급을 위해 자주 항구로 되돌아와야 했기 때문에 주로 연안을 따라 항해했다.

결국 해류, 바람, 해안선과 같은 자연환경과 기술의 한계가 지중해의 항로를 결정했다. 이러한 지중해의 자연환경은 북쪽 해안에 위치한 서유럽 기독교 세력에게 유리하기 작용했다. 이들 기독교 세력이 11세기 지중해 교역에서 주도적인 역할을 할 수 있었던 이유 중의 하나는 이러한 자연환경 덕분이었던 것이다. 마찬가지로 소아시아의 이슬람 세력 즉 오스만 제국(오스만 튀르크)은 북아프리카의 이슬람보다 유리한 항해 환경을 가지고 있었다. 그렇다고 자연환경이 모든 것을 결정하는 것은 아니기 때문에 중세 지중해 역사를 설명하기 위해서는 정치, 경제, 군사 등 다양한 요인도 함께 고려해야만 할 것이다.

2

지중해 역사의 전환점이 된 사건들은 무엇이 있을까?

- 십자군은 지중해 패권 변화의 시발점이었을까?
- 몽골의 서방 진출은 지중해 교역에 어떤 영향을 미쳤을까?
- 교황청의 무역 금지령 때문에 이슬람과의 교역이 중단되었을까?
- 중세 말 지중해의 패자는 누구인가?
- 오스만 제국은 동지중해 무역을 방해했을까?
- 포르투갈의 인도 항로 개척은 지중해 무역에 얼마나 타격을 주었을까?

십자군은 지중해 패권 변화의 시발점이었을까?

1095년 비잔틴 제국의 황제 알렉시우스 1세(Alexius I, 1048~1118)가 소아시아에서 셀주크 투르크 족에 대항하기 위해 교황청에 원조를 요청했고, 교황 우르바누스 2세(Urbanus II, 재위 1088~1099)가 이에 응함으로써 십자군이 창설되었다. 신성 로마 제국 황제에 맞서 교황권을 강화시키려는 와중에 받은 이러한 도움 요청은 교황에게는 절호의 기회였다. 따라서 우르바누스 2세는 동방의 기독교 형제를 돕고 더 나아가서는 이교도의 손에 있는 예루살렘을 되찾자고 호소했다. 이렇게 시작된 1차 십자군은 예루살렘을 되찾고 시리아와 팔레스타인 지역에 네 개의 기독교 왕국(에데사 백국, 안티오크 공국, 트리폴리 백국, 예루살렘 왕국)을 건설하였다.

십자군 전쟁은 지중해 무역사에 전환점이 된 사건으로 이탈리아 여러 해양 도시가 지중해 무역의 주도권을 장악하는 발판을 마련해 주었다. 하지만 이탈리아 해상 공화국들이 처음부터 우르바누스 2세의 십자군 제창에 관심을 보였던 것은 아니다. 이는 제노바, 피사, 베네치아, 아말피가 1차 십자군 이전부터 이집트, 시리아, 비잔틴 제국과 상업 교류를 하고 있었기 때문에 오히려 십자군과 같은 대규모 군사 원정은 상업 활동에 지장을 줄 가능성이 높았다. 특히 베네치아 상인들은 십자군 전쟁이 시작되기 이전에 이미 비잔틴 제국에서 상업적 특혜를 누리고 있었다. 1082년 5월 비잔틴 황제 알렉시우스 1세는 남부 이탈리아를 장악한 노르만 족의 침략에 맞서 군사적 원조를 제공한 대가로 베네치아 상인들에게 큰 혜택을 부여했다. 황제는 베네치아 상인들에게 콘스탄티노플 안의 작은 구역을 할양해 주었고, 비잔틴 제국 전역에서 자유로운 상업 활동을 보장했을 뿐만 아니라 제국 내의 관세를 완전히 면제해 주기까지 했다.

이탈리아 해양 공화국들이 처음부터 십자군 전쟁에 적극적이었던 것은 아니지만 이 전쟁은 확실히 그들에게 경제적 이익을 가져다주었다. 제노바와 피사는 1차 십자군이 시리아와 팔레스타인 해안 지방을 정복하는 데 도움을 주었고 그에 대한 보답으로 시리아와 팔레스타인에 세워진 네 개의 기독교 왕국에서 여러 종류의 특혜를 얻을 수 있었다. 제노바는 1098년 7월 안티오크 공작 보에몽으로부터 베네치아 상인들이 비잔틴 제국 황제에게 부여받은 것과 유사한 정도의 상업적 특혜를 얻었다. 이렇게 할양받은 거류지에서 이탈리아 상인들은 일상생활에 필요한 것들을 확보할 수 있었다. 교회, 창고, 행정 관사, 빵 굽는 가마, 방앗간, 목욕탕, 도살장, 도시 외곽의 농경지가 그것이다. 거류지의 수장인 콘술은 네 가지 권한을 가지고 있었다. 그는 해외 거류지에서 본국을 대표하며 같은 도시 출신의 상인들에 대해서 사법권을 행사했다. 또 거류지의 재정과 상업 활동을 관리하고, 유언장을 작성하지 않고 죽은 상인의 사후 처리를 담당했다. 이러한 점에서 볼 때 이탈리아 도시 국가들이 기독교 왕국에서 세운 상업 거류지는 사실상 완전히 독립된 자치 구역이었다.

시리아와 팔레스타인에 세워진 기독교 왕국은 여전히 이탈리아 해양 도시 국가의 도움을 필요로 했다. 해양 도시 국가의 상인들은 선박을 이용해 기독교 왕국에 필요한 물자와 병력을 정기적으로 공급함으로써 막대한 상업적 이윤을 챙길 수 있었다. 이곳 상업 거류지에서는 일 년에 두 번 즉 본국에서 출항한 배가 들어오는 시기에 활기가 넘쳐흘렀다. 주변의 이슬람 세력과 군사적 충돌이 있곤 했지만 이러한 시기를 제외하면 이슬람 상인들과 기독교 상인들 간의 교류는 활발했다. 1187년 살라딘의 공격, 1250년 이후 맘루크 군사 제국의 반격, 그 외 간헐적인 대립에도 불구하고 이탈리아 상인들은 1291년 맘루크가 기독교 왕국의 마지막 거점이었던 아크레를 정복할 때까지 자신들의 상관(商館)을 유지했다.

4차 십자군은 베네치아가 동지중해의 해상 제국으로 성장할 수 있는 기회를 제공했다. 4차 십자군은 베네치아 공화국에게 성지 탈환을 위한 십자군을 수송할 함대를 제공해 줄 것을 요청했다. 당시 십자군이 요구한 수송 규모는 13세기 당시로는 유례가 없을 정도로 컸다. 4,500명의 기사와 4,500마리의 말, 9,000명의 종자와 2만 명의 보병, 그리고 전쟁을 수행하는데 필요한 여러 물자들을 배로 수송해야 했다. 아마 당시 이 정도 규모의 병력과 물자를 수송할 수 있는 능력을 가지고 있었던 국가는 베네치아뿐이었을 것이다. 베네치아는 이를 위해 200척 정도의 선박을 준비할 것이며, 추가로 50척의 갤리선과 6,000명의 병사를 이끌고 십자군에 참가하겠다고 제안했다. 그러나 베네치아에 모인 십자군은 예상했던 규모의 3분의 1정도밖에는 되지 않았고, 그로 인해 약속했던 계약금을 지불할 수가 없었다. 이렇듯 출발부터 난관에 봉착한 4차 십자군은 원래 목적지였던 이집트로 가지 않고 콘스탄티노플로 우회해서 비잔틴 제국을 무너뜨렸다.

베네치아 공화국이 의도했건 아니면 우연의 산물이든 4차 십자군은 베네치아에게 엄청난 경제적 이익을 가져다주었다. 베네치아는 1204년 4월과 5월에 이루어진 논공행상에서 구매 또는 직접 할당받는 방식으로 크레타 섬, 이오니아 제도, 펠로폰네소스 반도의 여러 지역들, 에게 해의 여러 도서들, 최적의 부두를 포함한 콘스탄티노플의 8분의 3 그리고 비잔틴 제국을 대신해 세워진 신생 라틴 제국 전역에서 상업 활동의 자유를 얻어 냈다. 베네치아가 새로 얻은 영토들은 지중해와 흑해를 항해하는 베네치아 선박들이 지나가는 길목에 주로 위치해 있었다. 결국 베네치아는 4차 십자군을 통해 동지중해에서 가장 강력한 해상 세력으로 부상할 수 있었다.

총 여덟 차례의 십자군 원정에서 이렇다 할 성과를 거둔 것은 1차와 4차 십자군 정도였다. 4차 십자군 이후 서방 기독교 세계에서 십자군에 대한 열정은 그 이전에 비해 많이 줄어들었다. 결국 1270년 프랑스 왕 루이 9세의 튀니지 원정을 끝으로 대규모 군사 원정으로서의 십자군은 끝이 난다. 십자군에 대한 평가는 대체로 부정적이다. 세계적으로 유명한 프랑스 출신의 중세사가 자크 르 고프(Jacques Le Goff, 1924~)는

"십자군이 유럽에 가져온 것은 살구밖에 없다."고까지 십자군을 폄하했다. 또한 두 종교와 문화권 간의 갈등을 증폭시켰다는 지적도 있다. 아민 말루프(Amin Maalouf, 1949~)는 자신의 책 『아랍인의 눈으로 본 십자군 전쟁(*Les Croisades vues par les arabes*)』에서 오늘날 서방과 이슬람 세계의 불화는 십자군까지 거슬러 올라가며, 오늘날 아랍 인들은 십자군을 일종의 겁탈 행위로 생각하고 있다고 말한다. 즉 아랍 인들은 서유럽을 운명의 적으로 생각하고, 서양에 대한 모든 적대 행위는 적에 대한 합법적인 보복에 불과하다는 것이다. 비잔틴 제국을 공격한 1204년 4차 십자군 원정은 동서 교회의 화합을 불가능하게 만들 정도로 깊은 상처를 남겼다.

십자군 전쟁이 많은 부정적인 결과를 낳았지만 이 사건은 지중해 역사에서 커다란 전환점을 제공한 사건임에는 분명하다. 십자군이 시작될 무렵 서방 기독교 세계는 동방의 이슬람과 비잔틴 제국에 비해 여러 측면에서 뒤처진 낙후된 지역이었다. 십자군 전쟁은 이런 서방 기독교 세계 특히 이탈리아 해양 도시 국가들이 경제적으로 도약할 수 있는 기회를 제공해 주었다.

몽골의 서방 진출은 지중해 교역에 어떤 영향을 미쳤을까?

13세기 중엽 몽골의 서방 진출로 지중해의 지리적 지평은 확대되었다. 몽골은 40여 년간(1219~1260) 세 차례에 걸쳐 대규모 서방 정벌을 단행했고 이를 통해 아시아와 유럽을 아우르는 대제국을 건설했다. 몽골은 페르시아에 일 한국과 오늘날 러시아 지방에 해당하는 지역에 킵차크 한국을 건설했다. 소아시아 반도에 위치한 셀주크 왕국은 몽골의 지배를 수용할 수밖에 없었다. 이들 몽골 족이 세운 한국들은 서유럽인들과 평화적인 관계를 맺었다. 아시아에서 동부 유럽에 이르는 광대한 몽고 제국은 안전한 육상 교역로를 제공했고 그 덕분에 유럽 인들은 지중해를 넘어 인도와 중국에까지 진출할 수 있었다.

이 시기에 인도와 중국을 방문하고 돌아온 여러 성직자들이 남긴 여행기는 이러한 사실을 생생하게 보여 준다. 이들이 이용한 첫 번째 여행길은 크리미아 반도에 있는 타나를 출발하여 몽골 한국의 수도인 볼가 강 하류의 사라이, 중앙아시아 초원 지대, 카라코룸으로 연결되어 거기서부터 북경으로 내려가는 여정이다. 두 번째 여행길은 페르시아의 몽골 칸

국을 통과하는 길로써 출발지는 흑해 남부의 그리스 계 국가인 트레비존드의 수도 트레비존드나 소아시아 동남부에 위치한 기독교 왕국인 소아르메니아에서 가장 번화한 항구 라자조였다. 어디서 출발하든 길은 셀주크 술탄국의 동부를 지나, 페르시아의 몽골 한국의 실질적인 수도 타브리즈로 연결되었다. 이 길을 통해 교황청이나 서유럽 군주들이 파견한 선교사들이 복음을 전파하기 위해, 때론 이교도인 이슬람을 협공하기 위한 동맹을 타진하기 위해 동방으로 갔다. 마르코 폴로와 같은 이탈리아 상인들 또한 이 길을 통해 장사를 떠났다.

동방의 상품은 대략 세 개의 경로를 통해 유럽으로 수입되고 있었다. 중앙아시아의 광대한 초원 지대를 가로지르는 북방 노선, 지중해와 인도양을 바그다드, 바스라, 페르시아 만을 통해 연결하는 중앙 노선 그리고 알렉산드리아와 카이로, 홍해 지역을 아라비아 해와 인도양에 연결하는 남방 노선이다. 몽골의 서방 진출 이전에는 주로 중앙과 남방 노선을 통해 아시아의 상품이 지중해로 유입되었고 북방 노선은 크게 중요하지 않았었다. 하지만 몽골의 서방 진출로 인해 북방 노선의 중요성이 증대되었고 흑해는 동방으로 가는 전초 기지 역할을 하게 되었다. 특히 크리미아 반도의 남단에 위치한 카파와 타나 그리고 흑해 남부 즉 소아시아 반도 북쪽에 위치한

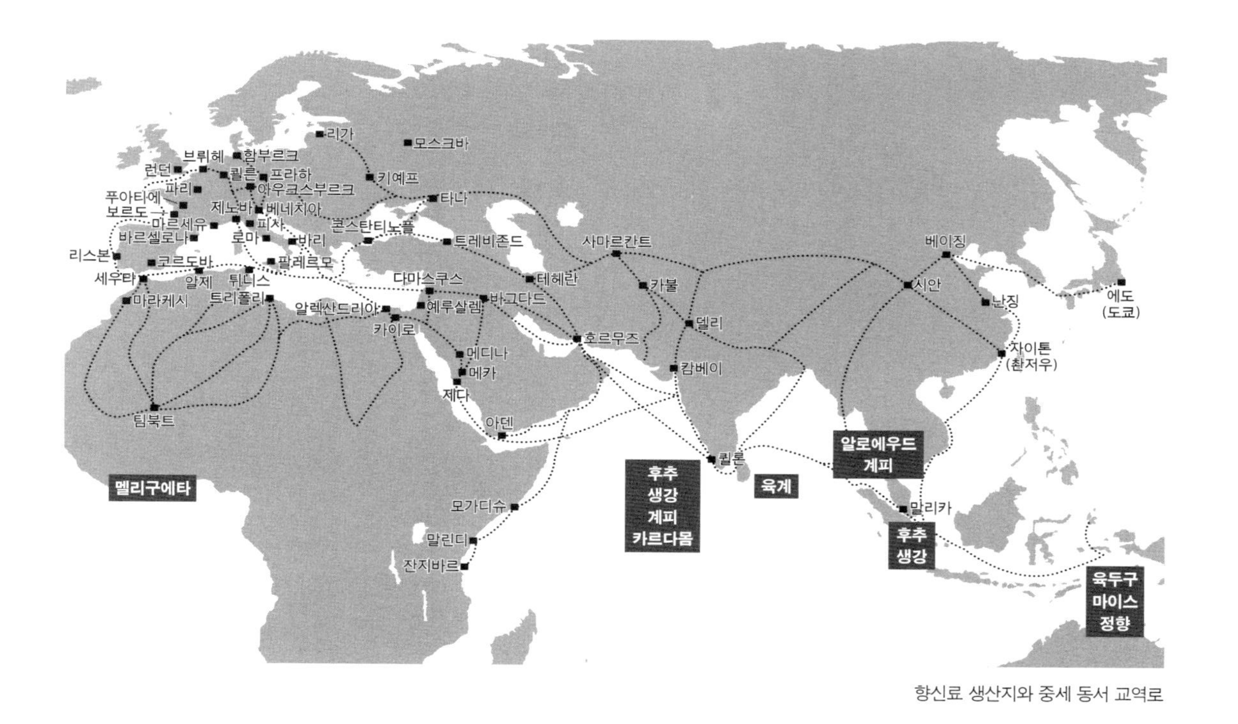

향신료 생산지와 중세 동서 교역로

트레비존드가 중국과 인도로 가는 출발지 역할을 하면서 상업적으로 더욱 번창하게 되었다.

4차 십자군 이후 비잔틴 제국에서 일어난 정치적 격변 또한 서방 기독교 상인들의 흑해 진출을 용이하게 만들었고 13세기 후반에 이르면 흑해는 이제 이탈리아 상인들 특히 제노바 상인들에게 가장 중요한 상업 활동 지역으로 부상하게 된다. 1261년 베네치아의 숙적인 제노바는 니케아에 망명 정부를 세운 그리스 인들이 비잔틴 제국을 되찾는 데 도움을 제공하고 그 대가로 엄청난 특혜를 얻어 낸다. 1261년 3월 체결된 님파이움(Nymphaeum) 조약[1)]에 따라 제노바는 콘스탄티노플 내의 페라 지구를 거류지로 할양받았을 뿐만 아니라 흑해로의 자유 통행까지 보장받았다. 1275년 제노바 사람들은 카파에 상관을 설립했다. 이후 이곳은 흑해에서 가장 중요한 상업 중심지로 발전하는 동시에 중앙아시아로 가는 출발지 역할을 하기도 했다. 1291년 기독교 왕국의 최후의 거점이었던 아크레가 이슬람의 수중에 들어감에 따라 흑해를 통한 교역

1) 미카일 파라이올로구스는 1261년 3월 13일 님파이움에서 제노바와의 조약을 맺었다. 황제는 앞으로 벌어질 콘스탄티노플 수복 전쟁에 대한 지원의 대가로 제노바에게 지금까지 베네치아가 누렸던 모든 특권을 내주는 동시에 콘스탄티노플과 기타 주요 항구들의 일부를 조차해 주고 흑해로의 자유 통행권까지 약속했다.

은 더욱 활발해졌다. 왜냐하면 이 사건을 계기로 교황청이 동지중해의 이슬람교도들과의 무역을 금지했기 때문이었다.

그렇다면 실제로 유럽과 아시아의 직교역이 어느 정도 규모로 이루어졌을까? 재닛 아부 루고드(Janet Abu-Lughod, 1928~)는 몽골의 평화기라 불리는 1250~1350년 사이에 유럽으로부터 중국에까지 이르는 광범위한 지역에 흩어져 있던 다양한 경제 중심지들을 포괄하는 상업적 네트워크, 즉 '13세기 세계 체제'[2)]가 형성되었다고 주장했다. 그러나 그는 이 세계 체제가 얼마나 긴밀하게 작동했는지에 대한 충분한 설명을 제공하지 않았다. 이 시기 아시아를 직접 다녀오고 기록을 남긴 사람들은 주로 선교사나 정치 사절들이었고, 폴로 가문의 상인들을 제외하면 동방을 다녀오고 기록을 남긴 유럽 상인들은 거의 없다. 게다가 폴로 가문의 동방 여행은 정기적이고 일상적인 사업 여행이라고 말하기에는 너무나 길었다.

---

2) 1970년대 등장한 '세계 체제' 이론은 세계사적 차원에서 역사의 발전과 사회적 변화를 분석하는 이론이다. 대표적인 이론가인 월러스타인(I. Wallerstein, 1930~)은 근대 자본주의 세계 체제를 유럽과 다른 지역들과의 연관 속에 파악하려 하였다. 그는 16세기 시작된 자본주의 세계 체제 단 하나만이 존재한다고 주장한다. 반면 재닛 아부 루고드는 여러 개의 연속적인 세계 체제들이 존재했다고 반박한다. 즉 루고드는 근대 자본주의 세계 체제 이전에 13세기 세계 체제가 존재했음을 주장한다.

그런 연유로 유럽 상인들이 아시아에서 어떤 상품을 얼마만큼 거래했는지를 확인하기는 매우 어렵다. 그러나 다행히도 1349년 2월 12일 베네치아 법정에서 벌어진 한 소송 사건에 관한 기록은 폴로의 사례가 유일하지 않았음을 보여 준다. 즉 다수의 유럽 상인들이 아시아 현지에서 상업 활동을 하고 있었던 것이다. 소송 사건의 두 번째 증인 마르코 소란초(Marco Soranzo)는 다음과 같이 증언했다.

> 1343년 1월 9일 본인, 마르코 소란초. 우리는 델리의 통치자로부터 20만 베잔트(비잔틴 제국의 금화)를 선물로 받았습니다. 우리는 관세청에 금화 2만을 납부했습니다. 그리고 금화 2000은 관세청 서기에게 주었습니다. 델리에서 우리는 각자 자본금 1만 베잔트를 투자해 동업 회사를 만들었고 총 자본금은 6만 베잔트였습니다. 우리는 다시 한 번 통치자의 신하들에게 선물을 주었고 그들은 우리에게 8,000~10,000베잔트를 주었습니다. 우리는 이 돈과 나머지 자금을 합해 현지 화폐로 바꾸었습니다. 최종적으로 우리에게 남은 10만 베잔트로 진주를 구입했습니다.

교황청의 무역 금지령 때문에 이슬람과의 교역이 중단되었을까?

1291년 기독교 왕국의 마지막 보루였던 아크레가 이슬람 수중에 들어간 사건은 유럽 기독교 세계에 큰 충격을 안겨 주었다. 이 사건은 이제 더 이상의 십자군은 불가능할 것이라는 절망감을 안겼다. 뿐만 아니라 이는 아크레에서 활동하고 있던 기독교 상인들에게 큰 경제적 난국이 닥친다는 것을 의미했다. 13세기 후반 아크레는 이슬람의 중개 상인들이 유럽 기독교 상인들로부터 아시아에서 수입한 상품을 구매하는 가장 중요한 도매 시장이었기 때문이었다.

설상가상 이 사건에 대한 보복으로 교황청은 이슬람과의 무역을 금지하는 일련의 법령을 반포했고 이를 통해 이슬람 세계에 경제적 타격을 가하려고 했다. 물론 교황청이 이슬람 세계와의 교역 제재를 시도한 것이 처음은 아니었다. 3차(1179년)와 4차(1215년) 라테란 공의회에서는 이교도인 적들에게 무기나 식량을 판매하는 행위를 금지하는 법령을 반포했다. 그렇지만 1291년 무슬림의 아크레 정복에 격분한 교황 니콜라우스 4세(Nicholaus IV, 재위 1288~1292)는 1291년 8월 더욱 강경한 무역 금지령을 반포했다. 법령에 따르면 어느 누구도 알렉산드리아뿐만 아니라 이집트의 어떤 다른 도시들과도 무기, 철, 목재, 식량과 다른 어떤 상품(arma, ferrum, lignamina, victualia et alia quecunque mercimonia)도 거래해서는 안 된다.

기독교 상인들은 교황청의 무역 금지령을 얼마나 잘 준수했을까? 금지령으로 인해 이슬람 세계와의 교역이 완전히 중단되었을까? 아니면 교황청의 금지령이 구속력이나 강제력이 거의 없었을까? 분명히 니콜라우스 4세의 칙령은 이론상으로는 전면적인 무역 금지령이었지만 개별 상업 도시들은 교황청이나 이슬람과의 관계, 지중해 교역에서의 입장 차이에 따라 이를 다르게 해석하고 반응했다. 교황청의 명령에 따라 개별 도시들은 나름의 규제 법령을 반포해야만 했고, 제노바는 교황청의 칙령을 엄격히 준수하는 것처럼 전면 무역 금지령을 통과시켰다. 1302년 교황청과 평화 협정을 맺은 아라곤 왕은 이집트와의 어떤 무역도 금지했고 자신의 금지령을 왕국의 모든 주요 도시들에도 적용했다. 반면 베네치아 공화국은 전쟁 물자의 수출만을 금지했다.

교황 클레멘스 5세(Clemens V, 재위 1305~1314)는 더욱 강경한 입장을 취했고 1308년 맘루크 제국과의 전면적 교역 중단을 선포했다. 이를 어기는 자는 시민으로서의 모든 권리를 상실할 뿐만 아니라 위반자를 잡는 사람의 노예가 되어야만 했다. 1312년 교황은 병원 기사단[3]에게 맘루크 세계와 거래하는 기독교 선박을 나포해서 화물을 몰수할 수 있는 권한까지 부여했다. 하지만 베네치아 공화국은 여전히 수출이 허용된 상품과 금지된 상품을 구분했고 이를 어긴 상인들에게도 매우 관대한 태도를 취했으며 위반자를 종교 재판에 회부하는 것에도 강하게 반대했다. 제노바도 여러 가지 방법을 동원해 이러한 조취에 부드럽게 반대 입장을 표명했다. 교황청을 설득하려는 노력도 계속되었다. 베네치아는 1317년 교황청 특사에게 동지중해 이슬람 세계와의 교역은 베네치아 공화국의 생명줄처럼 중요하다는 것을 알렸고, 1319년에는 교황에게 특사를 파견해 이집트와 시리아와의 교역을 합법화시켜 줄 것을 요구했다. 특히 금과 같은 귀금속 수출을 허용해 줄 것을 부탁했다.

물론 교황청의 무역 금지령이 완벽하게 준수되지는 않았지

---

3) 병원 기사단의 역사는 11세기 초로 거슬러 올라간다. 1023년 이탈리아 아말피와 살레르노 출신의 상인들이 이집트 칼리프의 허가를 얻어 예루살렘에 순례자를 치료하기 위한 병원을 세웠다. 1차 십자군의 성공으로 예루살렘 왕국이 세워지자 이 구호단체는 군사적인 기사단으로 개편되었다. 초기 병원이 세례자 요한의 묘지 근처에 세워졌기 때문에 병원 기사단은 성 요한 기사단으로도 불렸다. 1291년 십자군 왕국의 마지막 보루였던 아크레가 이슬람 손에 들어간 이후 병원 기사단은 근거지를 로도스(Rhodes) 섬으로 옮겼다. 16세기 초반 오스만 제국이 로도스를 점령하면서 병원 기사단은 몰타(Malta) 섬으로 이주했다.

만 많은 기독교 상인들은 일정 정도 대안을 찾을 수밖에 없었다. 그들이 찾은 대안 중의 하나는 동지중해의 기독교 국가였던 키프로스와 소아르메니아 왕국을 통한 밀무역이었다. 당시 키프로스는 시리아와 이집트의 기독교 왕국이 몰락하면서 피난 온 기독교계 시리아 상인들의 피난처였고, 이들이 중개상인 역할을 했던 것이다. 소아르메니아 왕국은 북부 시리아와 지리적으로 접해 있을 뿐 아니라 동쪽의 이슬람 영토로 향하는 출발지 역할을 했다. 또 다른 대안은 흑해를 통해 동방으로 직접 가는 것이었다. 앞서 언급했듯이 몽골의 평화는 흑해를 통해 동방으로 갈 수 있는 직교역로를 열어 놓은 상태였다.

밀무역과 우회 노선이라는 대안이 있었지만 교회의 금지령은 어느 정도는 이슬람 세계와의 교역을 제한하는 역할을 했다. 유럽 기독교 상인들은 교황청의 금지령으로부터 완전히 자유롭지는 못했기 때문이다. 게다가 1320년대 들어서 교황청의 입장은 더욱 강경해졌다. 베네치아 정부조차 1323년 1월 맘루크 제국과의 전면적인 교역 금지를 선포했고 이집트와 시리아로의 항해조차 금지했다. 이러한 강경 정책은 1344년까지 지속되었다. 1345년 베네치아와 이집트가 체결한 협정문에 언급된 "23년 동안 베네치아 선박이 술탄의 왕국에 닻을 내리지 않았다."는 이야기는 교황청의 입장이 얼마나 강경했었는지를 증명한다.

그렇다고 베네치아 공화국이 교황청의 정책을 온순하게 수용한 것만은 아니었다. 1326년 '말롬브라 사건'은 당시의 상황을 잘 보여 준다. 1326년 5월 아비뇽의 교황 요하네스 22세(Johannes XXII, 재위 1316~1334)는 법률학자 리차르도 말롬브라(Rizzardo Malombra, ?~1334)를 교회의 적이자 이단으로 처벌할 것을 명했다. 이 사건의 논쟁점은 교리상의 문제가 아니라 순전히 경제적인 문제였고, 사실상의 이해 당사자 역시 말롬브라 개인이 아닌 교황청과 베네치아 공화국이었다. 사건의 발단은 1322년 11월 15일 공포된 교황 요하네스 22세의 칙령이었다. 칙령에 따르면 교회의 법령을 어기고 맘루크 제국과 교역한 베네치아 상인들이 범죄 행위를 뉘우치고 벌금만 내면 사면 받을 수 있었다. 교황청은 이를 집행하기 위해 두 명의 대표를 베네치아로 파견했다. 그중 한 명인 아데마로 타르가(Ademaro Targa, ?~?)는 교황청의 명을 어기고 계속해서 교역을 하는 모든 베네치아 상인들을 색출하라는 명을 받았다. 이에 대항해 베네치아 원로원은 아데마로가 특사로서의 권한을 넘어서는 행동을 했다고 결론짓고 교황청에 법률 소송을 제기했다. 소송단은 일곱 명의 법학자로 구성되었으며 말롬브라가 대표 역할을 맡았다. 베네치아 공화국은

'금지된 상품'과 '허용된 상품'을 구분해야 한다고 주장했던 반면 교황청의 입장은 이슬람과의 교역 금지는 모든 상품에 적용된다는 것이었다. 이 교역 분쟁에서 베네치아의 입장을 법률적으로 정리하고 항변한 사람이 말롬브라였고 그러한 이유로 그는 교황청으로부터 공격을 받을 수밖에 없었다. 1326년 7월 1일 교황은 교회법에 명확하게 금지되어 있지 않은 상품은 거래해도 된다고 주장하는 사람들을 처벌하고, 이들을 이단자로 규정해서 파문할 것을 명했다.

그러나 1344년을 고비로 교황청도 더 이상 강경책만을 고집할 수 없게 되었다. 교황청의 태도 변화를 가져온 가장 중요한 원인은 14세기 중엽 두 우회 노선의 폐쇄였다. 게다가 교역 금지령을 완화하거나 해제해 달라는 이탈리아 상업 공화국들의 요청은 더욱 거세졌다. 1338년 교황청은 베네치아의 요청을 거절하기는 했지만 전과는 다른 태도로 이 문제를 취급했다. 결국 1344년부터 교황청은 이슬람과의 무역 허가권(그라티아, 라틴 어 gratia는 영어의 favor와 비슷한 의미로 통용되었다.)을 발급하기 시작했다. 허가권을 확보한 상업 도시들은 약정한 수만큼의 선박을 이집트와 시리아의 항구 도시들로 파견할 수 있었다. 물론 무기, 철, 목재와 같은 전략 상품들을 수송하지 않는다는 조건 아래에서였다. 1344년 교황은 베네치아 공화국에게 오 년 동안 맘루크 제국의 영토에 여섯 척의 갤리선과 네 척의 범선을 파견할 수 있는 권한을 부여했다. 1345년 베네치아는 교황에게 네 척의 범선 대신에 일곱 척의 갤리선을 파견하는 것을 허락해 줄 것을 요청했고 교황은 이를 수락했다. 때론 교황청은 지중해 무역에 종사하지도 않는 고위 귀족과 성직자들에게까지 허가권을 부여했다.

중세 말 지중해의 패자는 누구인가?

바다를 이용하고 통제하는 것은 세계사의 발전에서 매우 중요한 역할을 했다. 특히 고대에서 중세 말까지 유럽 역사에서 중심 역할을 했던 지중해를 장악하는 것은 그 의미가 더욱 크다 할 것이다. 일찍이 벨기에 역사가 앙리 피렌(Henri Pirenne, 1862~1935)은 중세의 시작점을 서로마 제국의 몰락이 아니라 7세기 이후 이슬람의 지중해 진출로 보았다. 유럽사가 전개되는 데 이슬람의 지중해 진출이 서로마 제국의 몰락보다 더 큰 변화를 가져왔기 때문일 것이다. 지중해에서 후퇴한 서방 기독교 세계는 이후 경제적으로 후퇴해 농업 위주의 생산 체제인 봉건제로 전락했다. 11세기 이후의 도시와 상업의 발달로 상징되는 서방 기독교 세계의 경제적 성장은 무엇보다도 십자군 전쟁을 전후로 한 지중해 무역의 활성화 덕분이었다. 결국 지중해를 이용하고 통제하는 것이 서방 기독교 세계의 경제 발전에 매우 중요한 영향을 미쳤다는 것이다.

고대 로마가 방대한 제국의 영토를 유지할 수 있었던 것은 지중해 전역을 포괄하는 제해권을 장악하고 있었기 때문이다. 고대 로마 제국 이후 중세 말까지 지중해에서 포괄적인 제해권을 장악한 세력은 존재하지 않았다. 6세기 비잔틴 황제 유스티니아누스 1세(Justinianus I, 483~565)가 지중해에서 가장 강력한 해군을 가지고 있었지만 지중해 전체를 지배할 정도는 아니었다. 이슬람이 지중해로 본격적으로 진출한 7세기 후반 비잔틴 제국의 해상력은 상당히 약화되어 있었다. 이슬람 해군은 7세기 말에서 8세기 초까지 세 차례에 걸쳐 콘스탄티노플을 공략했는데 그나마 이러한 이슬람의 공세를 모면할 수 있었던 것은 '그리스 불'이라 불리는 무기 덕분이었다. 콘스탄티노플 공략에 실패한 후 이슬람은 지중해에서 확고한 우위를 확보하지 못했고 비잔틴 제국과 이슬람 세력 간 힘의 균형이 유지되었다.

11세기 베네치아, 제노바, 피사, 아말피와 같은 이탈리아 해양 도시들이 새로운 해상 세력으로 부상하면서 중세 후반

비잔틴 제국을 구해 낸 비장의 무기인 '그리스 불'. 그 제조법은 극비에 붙여졌다.

지중해 쟁탈전은 또 다른 국면을 맞이했다. 1082년 비잔틴 제국의 황제가 베네치아에게 부여한 황금칙서는 베네치아가 비잔틴 제국을 대신할 정도로 강력한 해상 세력으로 부상했음을 공식적으로 인정해 주는 문서였다. 남부 이탈리아의 노르만 족들이 아드리아 해를 건너 비잔틴 제국의 서부를 공략해 들어오자 비잔틴 황제는 베네치아에 도움을 요청했고, 그 덕분에 위기를 모면할 수 있었다. 이 사건은 아드리아 해 출입구에 대한 통제를 베네치아 선박에게 위임한 것이나 다름없었다.

십자군이 시작될 무렵 지중해 전역을 통제할 만한 해군력을 갖출 가능성이 있는 영토 국가는 비잔틴 제국과 이집트에 있는 이슬람 제국인 파티마 제국 정도였지만 이미 이 시기에

이 두 세력은 더 이상 해양 강자로서 지위를 유지하지 못하고 있었다. 11세기 말 비잔틴 제국의 해상력은 6세기 유스티니아누스 시절의 그것과 비교할 때 보잘 것 없었다. 12세기 초엽 파티마 왕조 또한 이탈리아 해양 도시들과의 전투에서 우위를 유지할 수 없는 처지로 전락했다. 1123년 베네치아 수장(도제, Doge)[4]인 도메니코 미카엘(Domenico Michael, 재위 1117/18~1130)이 지휘하는 베네치아 함대는 아스칼론 항 근처에서 이집트 함대를 격파했다. 이 사건들은 이탈리아 해양 도시들이 해상 강국으로서의 지위를 공식적으로 인정받는 중요한 계기가 되었다.

베네치아, 제노바, 피사, 아말피 등 네 개의 이탈리아 해양 도시들이 지중해 해상 수송과 해전에서 중요한 역할을 하게 되면서 이들 사이의 경쟁은 이미 예견된 것이나 마찬가지였다. 경쟁에서 먼저 탈락한 세력은 아말피와 피사였다. 아말피는 이미 11세기 말에 주요 해상 세력으로서의 지위를 상실했다. 아말피의 몰락 원인이 노르만의 정복이라는 정치적

4) 도제는 베네치아 말로 라틴 어 'dux' 즉 공작에 해당한다. 직역하면 도제는 베네치아 공작이 되지만 베네치아는 공화국이었기 때문에 공작이라는 표현은 적합하지 않다. 그런 이유로 도제를 베네치아를 다스리는 최고 통수권자라는 의미에서 수장이라고 사용했다.

인 이유였다면, 피사의 몰락은 1284년 제노바와 벌인 멜로리아 해전에서의 참패였다. 코르시카 출신 귀족이 제노바에 대항해 반란을 일으키고 피사로 도주한 사건이 이 전쟁의 시발이었다. 하지만 멜로리아 해전의 본질은 11세기 이후 불붙은 서지중해에서의 제해권 다툼이었다. 일전을 각오한 제노바는 93척의 갤리선으로 이루어진 대함대를 파견했고, 당시 지중해 전역에 명성이 자자했던 베네데토 자카리아(Benedetto Zaccaria, 1235~1307)가 함대를 지휘했다. 이에 맞선 피사 함대는 72척의 갤리선으로 구성되었고 베네치아 인 알베르티노 모로지니(Albertino Morosini, ?~?)가 함장이었다. 이 전투는 여러 측면에서 이전 해전들과는 달랐다. 이전까지만 해도 지중해의 겨울 바다는 항해가 불가능했기에 겨울에 해전을 생각할 수 없었는데 제노바 함대가 선공을 개시한 것은 2월이었다. 또 하나의 변화는 이전에 주로 사용되었던 이 단 갤리선 대신 삼단 갤리선이 대거 투입되었다는 것이다.

전략과 전술에서의 변화 못지않게 멜로리아 전투가 가져온 역사적 결과는 크다. 이 전투에서 패한 피사는 더 이상 해상 강국으로서의 지위를 회복하지 못하게 되었다. 제노바는 멜로리아 전투에서 승리함으로써 서지중해를 통제할 수 있는 기회를 얻었지만 또 다른 경쟁자를 만났다. 이베리아 반도에서 입지를 공고히 한 아라곤 왕국은 서지중해로 진출하기 시작했고 중세 말에는 이 지역에서 중요한 해상 세력으로 부상했다. 아라곤은 1282년 시칠리아 만종 사건을 계기로 서지중해에서 중개 무역항이자 전략적 요충지 역할을 했던 시칠리아를 손에 넣게 되었다. 13세기 중반까지 시칠리아는 북아프리카와 함께 제노바 상인들의 가장 중요한 활동 무대였다.

그러나 시칠리아가 경쟁 세력인 아라곤에 넘어감으로써 이 지역에서 상업적 특혜를 누렸던 제노바 상인들은 새로운 시장을 찾아야만 했다. 실제로 제노바 상인들은 13세기 중엽 이후 상업의 무게 중심을 점차 동방으로 특히 로마니아 지방(비잔틴 제국)으로 이전하고 있었다. 4차 십자군 전쟁으로 콘스탄티노플을 포함한 제국의 대부분을 빼앗긴 비잔틴 제국의 잔존 세력들은 1261년 제노바의 도움으로 콘스탄티노플을 다시 찾을 수 있었고, 그에 대한 보상으로 제노바 상인들은 제국의 영토 내에서 중요한 상업적 특혜를 얻을 수 있었다. 제노바는 상업의 중심이 동방으로 이동하면서 동지중해에서 가장 강력한 해상 세력이었던 베네치아와의 일전을 피할 수 없게 되었다.

그러나 사실 두 상업 도시 간의 갈등은 1차 십자군 시절 이미 시작된 것이나 마찬가지다. 베네치아와 제노바는 1257년에서 1381년 사이 네 차례의 대규모 해전을 치렀다. 양측은 125년 동안 네 차례의 해전에서 승리와 패배를 주고받았지만 어느 쪽도 전쟁이 끝난 1380년 무렵 경쟁자를 바다에서 완전히 몰아내지 못했다. 여전히 베네치아와 제노바는 중요한 해상 세력으로서의 지위를 유지하고 있었다. 물론 유명한 베네치아 상인 마르코 폴로가 참전했다 포로가 되고 베네치아 함대가 참패한 1298년 쿠르촐라 전투나, 제노바 함대가 베네치아 본토까지 공격해 왔던 4차 키오지아 해전과 같은 결정적인 순간도 있었지만 최종 결과는 무승부였다.

한 세기 반 동안 벌어진 네 차례의 대규모 해전은 양자 모두에게 막대한 재정적인 손실을 입혔다. 이탈리아 해상 강국이 서로의 국력을 소진시키고 있는 동안 동지중해에서는 새로운 강자가 부상하고 있었다. 오스만 터키가 바로 그 주인공이다. 오스만 터키의 부상으로 15세기 후반 동지중해에서의 해상 전쟁은 새로운 국면에 접어들게 된다. 결국 1571년 벌어진 레판토 해전에서 중세 말 지중해를 두고 싸웠던 베네치아와 제노바는 오스만 제국의 함대에 맞선 기독교 연합 함대에서도 보조적인 역할만을 담당하는 위치로 전락하게 되었다.

베네치아와 제노바의 전성기를 이야기할 때 주의해야 할 점은 두 세력 모두 지중해 전역을 통제할 수 있는 패권을 결코 확보하지 못했다는 것이다. 사실 중세 내내 지중해 전역을 통제할 수 있는 상비 해군을 보유한 패권 세력은 출현하지 않았다. 일단은 지중해 전역을 상시적으로 통제할 상비 해군을 유지할 정도의 재원을 가지고 있었던 세력이 없었고, 게다가 전함으로 주로 이용되었던 갤리선은 항구적인 해상 봉쇄를 수행할 만한 능력을 가지고 있지 않았기 때문이다. 갤리선은 낮은 건현으로 대양으로 나갈 경우 파도로 인해 침몰할 위험이 있었기 때문에 주로 연안 경비를 담당했고, 그나마도 보급을 위해 항구로 자주 귀환해야만 했다. 결국 베네치아와 제노바가 보유하고 있었던 해상력은 자국의 선박들이 자유롭게 항해하면서 무역 활동을 보장해 주는 정도의 힘이었다. 그것은 자국의 선박들이 주로 통행하는 특정 지역만을 통제할 정도였기 때문에 중세 말 베네치아와 제노바는 결코 지중해 바다를 확고하게 장악한 적이 없었다고 할 수 있다.

오스만 제국은 동지중해 무역을 방해했을까?

왜 중세 말 포르투갈과 에스파냐는 인도로 가는 새로운 항로를 개척하려고 했을까? 아주 오랫동안 회자되고 있는 전통적인 견해에 따르면 동지중해의 새로운 강자로 부상한 오스만 제국이 1453년 비잔틴 제국을 정복하면서 지중해에서 중국으로 이어지는 기존의 동서 교역로를 봉쇄하였고, 그로 인해 유럽 세력들이 새로운 길을 찾아 나섰다는 것이다. 또한 이 견해는 오스만 제국의 진출로 동서 무역의 길이 막혀서 향신료가 원활하게 공급되지 않아 가격도 상승했다고 주장한다.

그러나 현재 이러한 주장은 더 이상 받아들여지지 않고 있다. 많은 사료와 증거들은 이것이 틀렸음을 분명하게 보여 준다. 대표적인 향신료였던 후추 가격은 15세기 내내 전체적으로 안정되어 있었다. 이탈리아 상인이 남긴 상업 문서들에 따르면 14세기 말과 15세기 초 400파운드당 100두카토를 넘었던 후추 가격은 15세기 초중반 50두카토로 하락하고 15세기 말까지 40~50두카토 정도로 유지되었다. 실제로 후추를 포함한 향신료 수입은 15세기 내내 증가하고 있었다. 그런 점에서 오스만의 팽창에 따른 향신료 수입 감소와 가격 상승은 실제로 일어나지 않았다.

이러한 결과는 아시아의 향신료가 유럽으로 들어오는 핵심 노선이 오스만 제국이 정복한 영토를 지나가지 않았기 때문에 발생했다. 앞서 말했듯이 아시아의 향신료는 크게 세 개의 노선(북방, 중앙, 남방 노선)을 통해 유럽으로 수입되고 있었다. 그중 오스만 제국을 통과하는 북방 노선은 몽골의 평화기에 잠시 동안 중요성이 커졌지만 14세기 중엽 몽골 제국의 와해로 아시아로 가는 직교역로가 폐쇄되면서 다시 부차적인 노선으로 전락했다. 그 뒤 14세기 말 티무르의 서방 원정은 북방 노선에 추가로 치명적인 타격을 입혔다. 그 결과 비잔틴 제국이 멸망하는 15세기 중엽 훨씬 이전에 북방은 이미 향신료 교역의 핵심 노선이 아니었다. 15세기 향신료 무역에서 독점적인 지위를 확보했던 베네치아 상인들은 이집트의 알렉산드리아와 시리아의 베이루트에서 향신료를 구입해 유럽 시장에 내다 팔았다. 콘스탄티노플 시장도 알렉산드리아와 베이루트에서 향신료를 공급받고 있었다.

사실 그 누구보다 동서 교역이 폐쇄되는 것을 원하지 않았을 세력이 바로 오스만 제국이었다. 동서 교역로 폐쇄로 가장 큰 피해를 입게 되는 세력이 바로 오스만 제국이었기 때문이다. 오스만 제국은 결코 상업에 적대적이지 않았다. 다만 그들이 원했던 것은 국내 상업을 외국 상인들로부터 보호하는 것이었다. 오스만 제국이 베네치아와 제노바 상인들을 견제했던 이유는 베네치아와 제노바가 동지중해에 식민지를 가지고 있었고 이 식민지가 오스만 제국에 위협이 되었기 때문이었다. 동지중해에 식민지를 보유하지 않았던 피렌체와 안코

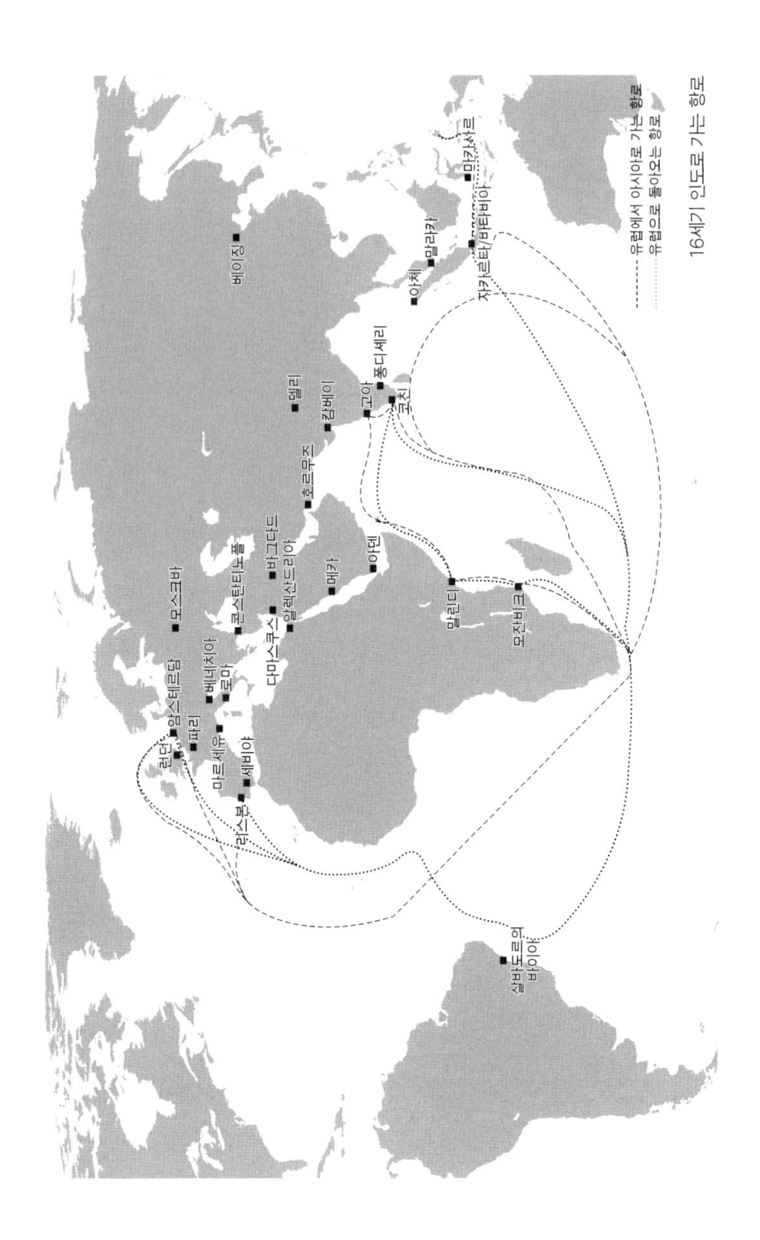

16세기 인도로 가는 항로

나 같은 상업 도시들은 오스만 제국으로부터 많은 상업적 특혜를 얻기까지 했다. 그리고 오스만 제국은 1517년 이집트를 정복한 이후에도 전통적인 향신료 노선이었던 남방 노선을 활성화시키기 위해 노력했다. 지중해로 이어지는 동서 향신료 교역 노선을 방해한 것은 오스만 제국이 아니라 새로 개통된 포르투갈의 인도 노선이었다.

전통적인 견해가 틀렸음을 보여 주는 또 다른 증거는 포르투갈이 1453년 이전 이미 새로운 항로 개척에 착수했다는 것이다. 새로운 인도 항로 개척을 적극적으로 후원한 사람은 포르투갈의 엔리케 왕자(Dom Henrique O Navegador, 1394~1460)였다. '항해 왕자'라는 별명을 가진 엔리케는 선원 양성, 해도 작성, 선박 건조 등에 주력했으며, 15세기 초에 이미 선단을 조직해 아프리카 서해안을 남하하여 인도에 이르는 항로 개척을 시도했다. 그리고 포르투갈 왕 아폰소 5세(Afonso V, 재위 1438~1481)는 교황 에우게니우스 4세(Eugenius IV, 재위 1431~1447)에게 아프리카와 동방에서 새로 정복할 땅에 대한 권리를 요구했고, 교황은 1442년 1월 9일 이를 인정하는 칙령을 발표했다. 1452년 6월 18일 교황 니콜라우스 5세(Nicholaus V, 재위 1447~1455)는 포르투갈 왕 아폰소 5세와 그의 후계자들에게 이교도의 땅을 정복해서 복속시

킬 것을 허용하는 칙령을 반포했다. 결국 포르투갈의 새로운 항로 개척 사업은 1453년 오스만의 콘스탄티노플 정복과는 무관하게 시작되었다는 사실을 알 수 있다.

사실상 오스만의 성장에도 불구하고 여전히 향신료 수입 노선은 원활하게 작동하고 있었다. 포르투갈 입장에서 문제는 향신료 무역이 주로 이탈리아 상인들 특히 15세기에는 베네치아 상인들 수중에 있었다는 것이다. 그런 점에서 베네치아 상인들은 굳이 새로운 항로를 개척할 만한 이유가 없었던 반면 이 무역에서 소외되어 있었던 이베리아 반도의 두 나라 포르투갈과 에스파냐는 동양으로 가는 새로운 항로를 개척하려는 욕구가 누구보다도 강했을 것이다. 만약 오스만 제국의 콘스탄티노플 정복이 새로운 항로 개척에 약간이나마 기여했다면 그것은 비잔틴 제국에서 활동했던 제노바 상인들이 새로운 시장을 찾아 떠나야만 했고 그들이 선택한 곳이 북서아프리카와 이베리아 반도였다는 사실이다. 실제로 이들 제노바 상인과 선장들은 포르투갈과 에스파냐의 새로운 항로 개척 사업에 인적·물적 자원을 제공했다.

포르투갈의 인도 항로 개척은 지중해 무역에 얼마나 타격을 주었을까?

바스코 다 가마(Vasco da Gama, 1469~1524)가 이끄는 선단은 1498년 5월 20일 인도의 캘리컷(Calicut, 인도 남서부 케랄라 주의 도시로 현재는 코지코드라 불리는 지역이다.) 항구에 도착했다. 유럽에서 이 소식을 가장 먼저 접한 곳은 베네치아였다. 베네치아 귀족이자 연대기 작가인 지롤라모 프리울리(Girolamo Priuli, 1476~1547)는 1499년 8월 초 일기에서 포르투갈 왕국의 선단이 인도에 도착했다는 소식을 기록했다. 일기에 따르면 콜럼버스 선장이 이끄는 세 척의 포르투갈 선박이 인도 캘리컷에 도착했다. 동방으로부터 들어오는 향신료 무역에서 막대한 부를 얻고 있었던 베네치아에게 이 소식은 청천벽력과도 같았다. 지롤라모는 만약 이것이 사실이라면 베네치아의 명운에 이보다 더 중요한 사건은 없을 것이라고 말하면서 제발 사실이 아니기를 빌었다.

그렇다면 지롤라모의 부정적인 예측처럼 인도 항로 개척이 지중해 향신료 무역에 치명적인 타격을 주었을까? 16세기 당시 베네치아 사람들의 전망은 낙관론에서 극단적인 비관론까지 다양했다. 낙관론자들은 말라바르(Malabare)에서 포르투갈까지의 거리가 너무 멀고, 인도양은 특정 세력이 장악하기에는 너무나 광대하고, 포르투갈 선단이 들여오는 향신료는 질이 낮으며, 맘루크 술탄이 포르투갈을 홍해에서 몰아낼 것이기 때문에 궁극적으로 포르투갈 왕의 인도 항로와 선단은 망할 운명이라고 전망했다. 반면 비관론자에 속하는 지롤라모는 이 사건은 신생아에게서 엄마 젖을 빼앗는 것과 같다면서 침통한 전망을 내놓았다. 유럽 전역에서도 비관론이 우세했다. 1512년에서 1515년 사이 아시아를 여행한 포르투갈 출신의 약재상 토메 피레스는 자신의 여행기에서 말라카(Malacca, 아시아 최초의 유럽 식민지로 포르투갈은 이곳을 점령한 후 향로 무역과 기독교 선교의 기지로 삼았다.)의 주인이 되는 자는 베네치아의 숨통을 끊을 수 있다고 기록했다.

포르투갈의 인도 항로가 기존의 지중해 교역로에 어떤 영향을 미쳤는지에 관해서는 후대 역사가들 또한 의견의 일치를 보지 못하고 아직까지도 이를 둘러싼 논쟁을 계속하고 있다. 16세기 초반 베네치아 여론을 지배했던 부정적인 전망은 이후 역사 인식에까지 이어졌다. 즉 포르투갈의 인도 항로 개척으로 베네치아는 15세기 지중해 향신료 무역에서 누렸던 독점적인 지위를 영구히 상실하게 되었다는 것이다. 이러한 인식은 16세기 대서양이 지중해를 누르고 새로운 유럽 역사와 경제의 중심지로 부상했다는 거시적인 역사 해석과 연결된다.

반면 19세기 말 독일 역사가들에 따르면 인도 항로 개척은 지중해의 향신료 무역에 결정적인 타격을 입히지 못했고, 독일은 여전히 베네치아로부터 향신료를 구입하고 있었다. 이러한 견해는 이후 레인(F. C. Lane, 1900~1984), 고디뉴(V. M. Godinho, 1918~), 브로델(F. Braudel, 1902~1985), 스틴스고르(N. Steensgaard, 1932~2009)와 같은 학자들에게 수용되었다. 레인은 16세기 중엽 지중해 향신료 무역이 부활했고 때론 인도 항로 개척 이전보다 더 많은 양의 향신료가 지중해를 통해 유럽으로 수입되었다고 주장했다. 브로델은 좀 더 거시적인 측면에서 지중해는 17세기 초까지 유럽 경제에서 중심적인 역할을 계속해서 수행했다고 주장한다.

최근의 논쟁은 지중해 향신료 무역의 부활이 일시적인 현상이었는지에 초점이 맞춰져 있다. 역사학자인 웨이크(C. H. H. Wake, ?~?)는 16세기 중엽 동남아시아에서 홍해로 가는 향신료 교역이 증가한 것은 지중해 무역의 부활이 아니라 중동 자체의 수요 증가 때문이고, 지중해 무역의 활성화는 포르투갈 인도 선단 운항에 문제가 생긴 예외적인 상황에서 발생한 일시적 현상이었다고 지적하면서, 인도 항로가 16세기 가장 중요한 향신료 수입 루트로 부상했고 전체적으로 지중해 교역로는 16세기 내내 인도 항로에 비해 주변적인 역할밖에는 하지 못했다고 결론지었다. 그의 견해를 지지하거나 견해가 비슷한 연구자들도 다수이다.

왜 많은 연구 성과에도 불구하고 확정적인 답을 찾지 못했을까? 가장 큰 원인은 사료의 부족일 것이다. 지중해뿐만 아니라 인도 선단에 관한 자료도 대체적으로 부족한 편이다. 기존의 연구 성과를 정리하면 다음과 같은 잠정적인 그림을 그릴 수 있다. 16세기 초엽 베네치아 연대기 작가들이 남긴 기록은 1530년대 초반까지 베네치아 향신료 무역이 15세기 전성기에 비해 형편없는 수준으로 줄어들었음을 보여 준다. 베네치아와 오스만 제국의 전쟁 그리고 동지중해의 정치, 경제, 군사적 불안정이 지중해 향신료 무역을 어렵게 만들었다. 무엇보다도 포르투갈이 개척한 인도 항로의 부상과 홍해와 페르시아 만에 대한 포르투갈의 효과적인 통제가 동지중해로의 향신료 수입을 어렵게 만든 가장 중요한 원인이었다.

그러나 지중해 향신료 무역은 1530년대 초반부터 15세기의 활력을 되찾기 시작했고 16세기 중엽에는 15세기 수준 또는 그 이상을 회복했다. 1570년대 무렵 일시적인 침체를 겪었지만 지중해를 통한 향신료 무역은 16세기 말까지 계속되었다.

결국 포르투갈은 유럽으로의 향신료 수입에서 독점적인 지위를 확보하는 데 실패했다. 최종적으로 지중해 향신료 무역을 영구적으로 무너뜨린 세력은 포르투갈이 아니라 16세기 말부터 인도양에 진출한 후발 주자인 영국과 네덜란드였다. 17세기 중반에 이르면 유럽으로의 향신료 수입은 일반적으로 지중해가 아니라 아프리카의 희망봉을 경유해서 이루어지게 된다.

3

어떤 물품들이 교환되었을까?

- 향신료란 무엇인가?
- 지중해 무역은 사치품 교역이었을까?
- 지중해 교류의 진정한 촉매 상품은 무엇일까?
- 지식과 기술의 교류는 없었을까?
- 지중해 무역은 황금알을 낳는 거위였을까?

향신료란 무엇인가?

오늘날 향신료를 뜻하는 단어는 영어 스파이스(spices), 이탈리아 어 스페치에(spezie), 프랑스 어 에피스(épices), 에스파냐 어 에스페시아(especia), 독일어 슈페체라이(spezerei) 등이다. 『옥스퍼드 영어 사전』에 따르면 향신료는 식물성 원료에서 얻은 강한 냄새가 나는 여러 종류의 방향 물질로 흔히 양념으로 쓰이고 향기나 저장성 덕분에 다른 목적으로 사용되기도 한다. 『로베르 프랑스 어 사전』에 따르면 향신료는 식물성 원료에서 얻은 향기가 나거나 매운 맛을 내는 물질로 양념으로 사용된다. 언어별로 약간의 차이는 있지만 공통되는 향신료의 핵심 의미는 식물성 원료에서 얻어지며 강한 향을 지니고 있어 음식의 맛을 내는 데 사용되는 물질이다. 후추, 생강, 육계, 계피, 고추 등이 대표적인 향신료들이다.

그러나 향신료의 의미는 시대별로 달랐다. 위에서 언급한 유럽 어휘들은 모두 라틴 어 스페키에스(species)에서 유래했다. 스페키에스의 원래 의미는 땅에서 나는 모든 생산물, 구체적으로는 '물건' 또는 '화폐'였다. 6세기 투르의 주교 그레고리우스(Gregorius de Tours, 538?~594)는 상거래의 대상이 되는 과일, 곡물, 기름, 포도주를 모두 스페키에스로 분류했다. 이후 스페키에스는 특별히 귀한 상품들만을 한정하는 경우도 있었지만 중세 말까지도 여전히 폭넓은 의미의 용어로 사용되었다. 실제로 중세 이탈리아 상인들은 다양한 종류의 상이한 상품들을 향신료로 간주했다.

중세 이탈리아 어인 스페치에레는 라틴 어 스페키에스와 동의어로 사용되고 있었다. 당시 스페치에레에 속하는 상품들에 관한 정보를 가장 풍부하게 제공하는 사료는 상인들이 사용하는 『상업 실무(*Pratica della mercatura*)』라 불리는 일종의 상업 안내서였다. 그중에서도 특히 14세기 초엽 피렌체 바르디 상사의 주재원으로 활동했던 프란체스코 페골로티가 남긴 책에 가장 많은 종류의 스페치에레가 언급되어 있다. 지중해 무역 연구의 대가인 발라르(M. Balard, 1936~)의 조사에 따르면 당시 유럽에서 일상적으로 유통되었던 전체 향신료 중에서 90퍼센트가 페골로티의 향신료 목록에 나와 있다. 총 288가지의 향신료가 언급되어 있지만 같은 종류의 향신료가 생산지, 가공 상태, 품질 등에 따라 중복되기 때문에 이러한 중복을 제외하면 대략 193종류의 향신료가 지중해를 통해 유통되었다는 사실을 알 수 있다.

상품의 종류	개수	백분율(%)
의약 재료	104	53
양념류와 식품	38	20
산업 원료	42	22
정체 확인 불가	9	5

페골로티의 상업 안내서에 나오는 상품의 종류별 분석표

페골로티의 목록에서 눈에 띄는 점은 현재에는 향신료로 간주되지 않는 많은 상품들이 향신료로 분류되었다는 것이다. 즉 꿀, 설탕, 쌀, 오렌지, 다트, 건포도 등의 식품들, 명반, 백연, 진사, 인디고, 웅황, 브라질우드 등의 염색 재료들과 원면, 밀랍, 종이, 유향 수지와 같은 산업 원료들까지도 향신료로 분류되었다. 193개의 향신료 중에서 오늘날에도 여전히 향신료로 간주되는 것들은 극소수이다. 향신료 중에서 인도와 중국을 포함한 아시아에서 건너온 향신료는 31개밖에 되지 않았으며, 그중에서도 진정한 의미의 향신료는 후추, 생강, 계피, 육계, 정향, 카르다몸, 갈랑가(galanga), 육두구, 마이스 정도에 불과했다.

당시 향신료를 판매하는 상인은 라틴 어로 스페키아리우스(speciarius)나 이탈리아 어로 스페치알레(speziale)로 불렸다. 이들이 사망한 후 작성한 재물 목록에 나오는 향신료들은 페골로티의 책에 나오는 것들과 거의 유사하다. 1361년 사망한 제노바 출신 향신료 상인 조르조 갈라초의 재물 목록에는 120개 정도의 향신료가 나온다. 이 중에서 약 10퍼센트 정도는 여러 재료를 혼합해서 만든 테리아카, 가루약, 고약 등의 약들이다. 조르조는 설탕, 여러 종류의 기름, 식초 등의 식품들과 다양한 직물들을 판매했다. 재물 목록에 가장 자주 언급되는 품목은 설탕(13회), 아몬드(5회), 그리스 콩(4회), 밀랍(4회), 버터(3회) 등이다. 반면 향신료가 차지하는 비중은 매우 낮아서, 생강을 제외하면 후추, 계피와 심황은 한 번밖에는 나오지 않는다. 조르조의 것을 포함해 출판된 몇몇 향신료 상인의 재물 목록에 따르면, 대부분의 향신료 가게에서 구비하고 있었던 품목은 명반, 암모니아 고무, 일산화납, 유황, 유황수지, 불순산화아연, 후추, 생강, 카르다몸, 정향, 육두구, 설탕이었다.

그렇다면 오늘날 우리가 향신료라 부르는 후추, 생강, 계피 등은 언제 유럽에 소개되었을까? 동방산 향신료가 유럽에 수입된 것은 고대부터였다. 유일하게 남아 있는 고대 로마의 요리 책에 따르면 후추는 80퍼센트 정도의 요리에 사용되었고, 그 양도 적지 않았다. 1세기 『박물지(*Historia Naturalis*)』를 쓴 플리니우스(Gaius Plinius Secundus, AD 23~79)는 별 맛도 없고 맵고 자극적이기만 한 후추가 로마 사람들에게 왜 그렇게 인기가 있는지 모르겠다고 불평했다. 고대 로마인들이 소비한 향신료는 다양하지 않았던 것 같다. 단편적이기는 하지만 고대 말과 중세 초의 기록에는 정향, 육두구와 갈랑가 같은 향신료에 관한 언급이 나와 있다. 5세기 아에티우스는 자신의 책에서 갈랑가를 세 번 언급했다.

중세 말로 갈수록 동방으로부터 유럽으로 수입되는 향신료의 종류는 다양해졌다. 페골로티의 상업 안내서에 나오는 동방산 향신료는 크게 후추목과(piperaceae), 생강과(zingiberaceae), 계피과(cinnamomum), 육두구과와 정향 등 다섯 가지 그룹으로 나눠진다. 후추과 향신료에는 둥근 후추, 긴 후추, 흰 후추, 야생 쿠베바와 양식 쿠베바 등 다섯 가지 종류가 언급되어 있다. 쿠베바는 덜 익은 후추나무 열매를 건조해서 만든 향신료였다. 당시 후추는 색깔과 공정 과정에 따라 구분되었다. 껍질을 벗기지 않고 말리면 검은 후추, 껍질을 벗기고 말리면 흰 후추가 되었다. 흰 후추는 중세 말 유럽 기록에서는 드물게 나타난다. 흰 후추가 위에 부담을 덜 주었기 때문에 아랍 지방에서는 흰색을 선호했던 것 같다. 긴 후추는 둥근 후추보다 비쌌다. 페골로티의 책에는 검은 후추에 대한 언급이 없지만 둥근 후추가 일반적으로 검은 후추를 의미했고, 중세 말 유럽에서 가장 흔한 후추과 향신료는 바로 검은 후추였다.

생강과에 속하는 향신료에는 생강, 갈랑가, 카르다몸(cardamom), 제도아리(zettoara 혹은 zedoary), 심황(turmeric) 등이 있었다. 생강과 향신료 중에서 수입량이 가장 많았던 생강은 생산지와 형태별로 구분되었다. 페골로티의 책에는 생산지에 따라 분류한 세 종류(두 종류의 인도 생강과 메카 생강)와 형태에 따라 나눈 두 종류의 생강(껍질 벗긴 생강과 주름진 생강)이 나와 있다. 중세 말 베네치아, 제노바, 피사, 파리, 바르셀로나, 브뤼헤, 런던 같은 주요 향신료 시장에서도 생강은 생산지별로 판매되고 있었다.

계피과 향신료에는 계피, 육계, 육계 꽃 등이 있었다. 육계 꽃(fiore di cannella)이라 불리는 향신료는 익지 않은 육계 열매를 건조해서 만들었다. 당시 사람들은 계피와 육계를 엄격하게 구분하지 않고 자주 혼동했다. 육계와 계피 모두는 같은 과에 속하는 나무껍질에서 얻은 향신료였다. 육계(cannella)는 실론에서 자라는 육계나무(cinnamomum zeylanicum)의 부드러운 속껍질을 건조해서 만든 향신료로 계피보다는 순한 맛을 가지고 있었다. 반면 계피(cassia fistula)는 미얀마와 중국 동남부 지방에서 자라는 계피 나무(cinnamomum cassia)의 거친 껍질을 건조해서 만들었다. 계피와 육계를 자주 혼동했지만 육계가 계피보다는 훨씬 더 많이 유럽으로 수입되었다.

중세 말 유럽에서 가장 비싼 동방산 향신료는 육두구, 마이스와 정향이었다. 이 고가의 향신료들은 후추보다 스무 배나 비싼 경우도 있었다. 육두구와 마이스는 같은 식물에서 얻은 향신료로, 육두구는 씨를 의미하고, 마이스는 씨를 둘러싸고 있는 껍질을 뜻한다. 정향은 10미터 정도 자라는 정향나무의 꽃봉오리를 따서 햇볕에 말린 향신료다.

지중해 무역은 사치품 교역이었을까?

지중해사 연구 초기에는 지중해 무역을 향신료와 같은 고가의 상품이 주종을 이루는 사치품 무역으로 간주했다. 중세 지중해 무역에 관한 연구를 개척한 19세기 말 20세기 초의 대표적인 독일 학자 하이트(W. Heyd, 1823~1906)와 사우베(A.

Schaube, 1851~1934)는 향신료와 같은 사치품 무역의 중요성을 강조하면서 향신료 무역이 지중해 무역의 원동력이었다고 말했다. 이러한 인식은 1970년대까지도 지속되었지만 이후 다양한 상품에 관한 연구가 진행되면서 지중해 무역이 곧 사치품 무역이라는 등식을 중세 말까지 적용하기는 어렵게 되었다.

그것은 우선 향신료 못지않게 다양한 대중 소비 상품들 또한 중요한 거래 품목이었다는 점에서, 또 대표적 향신료인 후추와 생강이 중세 말 사치품으로서의 지위를 일정 정도 상실했다는 점에서 그러하다. 다른 향신료의 경우는 몰라도 후추의 소비가 매우 광범위한 계층으로까지 확산되었음을 보여주는 기록들은 꽤 많이 남아 있다. 15세기 한 의학자는 자신의 책에서 후추는 시골뜨기에게나 어울리는 양념이라고 기록했다. 15세기 초 프랑스 시인 데샹의 시를 보더라도 후추는 채소와 마찬가지로 빈곤함을 보여 주는 징표였다. 약간의 과장은 있겠지만 중세 말 유럽 사회에서 후추의 소비는 꽤 일반화되었음이 분명하다. 이렇듯 대중화된 후추가 중세 말 전체 향신료 수입의 반 이상을 차지했기 때문에 중세 말 지중해 무역이 곧 고가의 향신료 무역을 의미한다고 말할 수는 없을 것이다.

지중해 무역을 사치품 무역으로 간주할 수 없는 보다 중요한 근거는 향신료처럼 비싸지도 않고 게다가 상품 가격에 비해 수송비가 비싸서 원거리 수송이 불가능했을 것이라고 예상했던 곡물과, 직물 산업에 필요한 원료들이 지중해를 통해 활발하게 거래되었다는 사실이다. 이러한 상품으로는 곡물, 올리브유, 포도주, 소금, 다양한 종류의 염장 식품들, 치즈, 고기, 생선, 꿀, 설탕과 같은 식품들이 있다.

일반적으로 곡물은 무겁고 가격이 저렴하기 때문에 원거리 수송은 힘들었을 것이라고 생각하기가 쉽다. 그렇지만 실제 상황은 상당히 달랐다. 물론 로마 제국이 해체된 후 곡물의 해상 수송은 크게 줄어들었다. 그러나 11세기 이후 지중해를 통한 원격지 무역이 활성화되고 유럽에서 여러 자치 도시들이 생겨나면서 도시의 인구 또한 증가했다. 그에 따라 늘어난 인구를 부양해야 하는 부담이 가중될 수밖에 없었고, 특히 1300년 무렵 인구 10만을 넘었던 베네치아와 제노바 같은 대도시들은 주변 농촌 지역에서 생산된 곡물로는 인구를 부양하기가 불가능했다. 따라서 좀 더 먼 생산 지역으로부터 곡물을 수송해 와야만 했다.

베네치아는 해외의 식민지에서 생산된 곡물에 대한 독점권을 행사했다. 예컨대 중세 말 베네치아의 가장 중요한 식민지였던 크레타는 베네치아 정부가 정한 가격과 양의 곡물을 매년 베네치아 시에 공급해야만 했다. 당시 베네치아로 수입된 곡물의 3분의 1정도가 크레타 섬에서 들어온 것이었다. 하지만 에게 해 주변의 식민지들에서 생산된 곡물이 항상 충분치는 않았기에 멀리 흑해까지 가서 곡물을 구해야만 했다. 이러한 상황은 제노바의 경우에도 마찬가지였다. 중세 말 제노바는 주변 농촌 지역뿐만 아니라 서지중해의 시칠리아와 남부 이탈리아 그리고 더 멀리 흑해에서까지 정기적으로 곡물을 수송해 들여왔다. 특히 흑해 지역은 제노바의 가장 중요한 곡물 공급원이었다. 왜냐하면 13세기 중엽 이후 흑해 출입로를 장악하고 있었던 제노바 상인들이 이를 이용해 흑해의 곡물 수출에서 주도권을 장악할 수 있었기 때문이다. 실제로 제노바는 약 30퍼센트의 곡물을 이 지역으로부터 들여오고 있었다.

술이자 음료수 역할을 했던 포도주도 지중해를 통해 대규모로 거래되었다. 포도주는 지중해 전역에서 생산되었다. 이베리아와 남부 이탈리아에서 생산된 포도주는 동지중해뿐만 아니라 흑해로까지 수출되었고, 이곳으로부터 다시 몽고인들에게도 대량으로 팔려 나갔다. 역방향으로는 코르푸, 펠로폰네소스 반도, 크레타 등지에서 생산된 포도주가 베네치아 선박에 의해 영국과 플랑드르로 수출되었으며, 제노바 선박들은 에게 해 서쪽 도서들에서 생산된 포도주를 서유럽으로 유통시켰다. 한때 베네치아 정부는 포도주 수송을 전담하는 선단을 운영하기도 했다. 이 선단의 목적은 크레타 산 포도주를 수송하는 것이었다. 중세 말 크레타를 경유해 대서양으로 향하는 베네치아 범선의 핵심 화물은 포도주였었다. 대서양의 포도주 수송 사업에서 경쟁이 너무 가열되자 베네치아 정부가 이를 규제할 정도로 포도주 무역은 활성화되어 있었다.

포도주와 곡물 이외에도 지중해 연안 지역들에서 생산된 다양한 식량 자원들, 소금, 올리브와 같이 일상적으로 소비되는 식품들 또한 가까운 지역뿐만 아니라 먼 지역으로까지 수송되었다. 소금 생산 지역은 지중해 전역에 흩어져 있었다. 소금 무역에서 출발한 베네치아 공화국은 중세 후반 지중해 소금 수송에서 주도적인 역할을 담당했다. 베네치아는 가까운 아드리아 해 주변의 염전에서뿐만 아니라 흑해와 알렉산드리아에서도 소금을 수입했다. 제노바 공화국의 소금 구입처도 지중해 전역에 흩어져 있었다. 제노바는 서지중해와 동지중해 그리고 흑해로부터 소금을 수입해 왔으며 이중 일부는 자체적으로 소비했고 나머지는 아펜니노 산맥 너머의 시장, 코르시카, 시칠리아 등지로 재수출하기까지 했다. 1450년

8000톤의 소금을 수입할 정도로 제노바의 소금 거래량은 대단했다.

올리브는 고대부터 줄곧 지중해 3대 작물 중의 하나였다. 올리브유는 음식에 절대적으로 필요한 재료였기에 지중해를 통해 일상적으로 유통될 수밖에 없었다. 일반적으로 올리브유는 서지중해의 생산 지역으로부터 동지중해의 소비 시장으로 팔려 나갔다. 이베리아 반도의 세비야가 가장 중요한 올리브유 수출항이었으며, 동지중해의 키오스와 로도스 섬이 가장 큰 재분배 시장이었다. 특히 제노바 선박들은 동지중해에서 싣고 온 상품을 세비야에서 하역하고 올리브유를 선적해 이를 키오스와 콘스탄티노플로 수송했다. 또 다른 중요 생산지는 남부 이탈리아였고 이 지역의 올리브유는 베네치아 선박에 실려 동지중해로 팔려나갔다.

고가의 상품이긴 했지만 설탕 또한 지중해의 중요 교역품 중의 하나였다. 설탕은 이집트, 시리아, 키프로스 섬, 시칠리아 섬, 에게 해의 여러 섬을 포함한 지중해에 면한 대부분의 지역에서 생산되고 있었다. 중세 말 시칠리아 섬과 키프로스 섬은 서방 기독교 세계에 가장 많은 양의 설탕을 공급하는 생산지였다. 14세기 초 베네치아 인 마리노 사누도는 자신의 책에서 키프로스 섬에서 생산된 양만으로도 전 기독교 세계에 공급하기 충분하다고 이야기했다. 물론 과장이 있기는 하지만, 상당한 양의 설탕이 키프로스에서 서방 기독교 세계로 수출되었다는 사실에는 틀림이 없다. 베네치아는 키프로스에서 생산된 설탕을 수송하기 위해 정기 갤리선단을 운항하기까지 했다. 시칠리아에서 생산된 설탕은 주로 카탈루냐 상인들에 의해 이슬람과 비잔틴 제국, 서방 기독교 세계로 팔려 나갔다.

지중해 무역이 다양했음을 보여 주는 또 다른 사례는 노예 무역이다. 노예 거래도 지중해 무역에서 중요한 위치를 차지하고 있었다. 이베리아 반도에서의 재정복(reconquista)[5]은 중요한 노예 공급원이었는데 13세기 중반 남부의 그라나다를 제외하고 대부분의 지역이 정복됨으로써 공급 자체가 줄어들었다. 그 결과 중세 말에는 흑해가 중요한 노예 공급지로 부상한다. 제노바와 베네치아 상인들이 노예 무역을 주도했으며 이들은 이슬람 세계뿐만 아니라 서유럽 기독교 지역에도 노예를 공급하고 있었다. 특히 13세기 중엽 이후 이집트를 다

---

5) 11세기 말 본격적인 십자군 이전 이슬람에 대한 기독교 세계의 반격은 이베리아 반도에서 시작되었다. 8세기 초 이슬람의 이베리아 침입으로 반도 북부로 후퇴했던 기독교 세력들이 11세기 전반 반도 남부의 코르도바 칼리프 국가에서 내란이 발생하여 분열하자 일제히 반격을 시작했다. 북부의 기독교 세력들이 한 때 이슬람에게 빼앗겼던 영토를 다시 찾는 정복 전쟁이 바로 재정복(에스파냐 어로 레콩키스타 reconquista)이다.

스린 맘루크 군사 제국은 중요한 고객이었다. 맘루크 제국은 군대에 필요한 인력을 노예로 충원했다. 이렇게 수입된 군사 노예는 맘루크 제국에서 중요한 직책으로까지 승진할 수 있었고 때론 정권을 장악하기도 했다. 군사 노예는 주로 흑해 주변에서 온 백인들이었다. 맘루크 제국은 군사 노예뿐만 아니라 하렘에서 일할 여자 노예들도 수입했다.

기독교 세계의 주요 도시들도 많은 수의 노예를 수입하고 있었다. 14세기 말 제노바는 노예가 전체 인구의 5퍼센트를 상회하고 있었고 그 수는 최소한 4,000명 이상이었다. 15세기 말 베네치아에는 흑해 주변 지역과 북아프리카에서 온 3,000명가량의 노예가 있었다. 피사와 바르셀로나도 상황은 비슷했다. 이 도시의 귀족들은 서너 명 정도의 여자 노예를 하인으로 두고 있었다. 노예 노동력은 가사 이외에도 다양한 직종에 사용되었다. 비록 많은 수는 아니었지만 농업 생산에도 노예 노동력이 이용되곤 하였다. 가령 시칠리아 섬이나 카탈루냐에서 이루어진 설탕 재배에는 동지중해에서 수입된 일부 노예 노동력이 투입되었다.

지중해 교류의 진정한 촉매 상품은 무엇일까?

지중해 교류의 진정한 촉매 상품은 무엇이었을까? 학자들마다 견해가 다를 것이다. 여전히 향신료가 지중해 교역의 핵심 상품이라고 말하는 사람들도 있다. 그러나 다비드 아불라피아(David Abulafia, 1943~)의 설명은 다르다. 그는 지중해에 면한 기독교 세계와 이슬람 세계를 하나로 묶어 주는 사업은 직물 산업이라 보기 때문이다. 실제로 아시아에서 수입되거나 동지중해 지역에서 생산된 직물 산업에 필요한 원료들 즉 원면, 명반, 인디고를 포함한 다양한 염료 등이 지중해를 통해 유럽으로 수출되었고 유럽은 이를 가공했다. 그리고 유럽은 가공한 직물들 중 일부를 원료의 생산 지역에 다시 수출했다. 그의 말대로 "면화, 인디고와 명반은 동과 서를 하나로 묶어 주는 매개체"였던 것이다.

면화 교역은 이러한 상호 의존성을 가장 잘 보여 준다. 고가의 직물뿐만 아니라 직물 산업에 필요한 여러 원료들이 동방에서 서방으로 수입되었는데 이중 가장 거래 규모가 컸던 상품은 단연코 면화였다. 원산지가 인도인 면화는 이슬람 세계를 통해 지중해에 유입되었다. 십자군 시절 면화는 지중해에 면한 대부분의 지역 즉 시리아, 이집트, 북아프리카, 이베리아 반도, 시칠리아 섬, 남부 이탈리아, 그리스 본토와 에게 해의 여러 섬들, 소아시아 등지에서 재배되고 있었다. 중세 말 가장 많은 양의 면화를 생산한 곳은 기독교 지역이 아닌 이슬람의 수중에 있었던 시리아와 소아시아 반도였다. 15세기 무렵 이들 두 지역으로부터 수만 자루의 면화가 서방 기독교 세계로 수입되었고 수입된 원료는 가공되어 유럽 전역으로 팔려 나갔다.

유럽에서 가장 일찍이 면직물을 대량으로 생산한 곳은 12세기 무렵 북부 이탈리아 도시들이었다. 원료인 원면은 베네치아와 제노바를 통해서 공급되었다. 제노바 상인들은 시리아, 이집트 그리고 시칠리아 섬에서 재배된 원면을 이들 도시에 공급했다. 이들은 원면과 아마를 섞어서 혼방 직물인 푸스티안을 제작했다. 12~13세기 북부 이탈리아의 면직물이 주변 지역뿐만 아니라 멀리 북아프리카까지 수출될 정도로 직물 산업은 경이적인 성장을 했다.

면직물 산업의 지리적 확산은 원면의 수요를 한층 증가시켰다. 중부 이탈리아의 여러 도시들 또한 면직물 생산에 참여했고 아레초, 페루치아와 같은 도시들은 완제품을 주로 이베리아 시장에 내다 팔았다. 이전까지 이탈리아산 면제품을 수입했던 남부 독일의 여러 도시들도 14세기 후반 면직물 산업에 뛰어들면서 원면의 수요는 폭발적으로 증가했다. 베네치아는 새로운 고객을 위해 동지중해의 주요 면화 재배지였던 시리아, 이집트, 그리고 키프로스로부터 베네치아로 면화 수송을 전담하는 상선단을 창설했다. 일 년에 두 번 동지중해를 왕복하는 베네치아 면화 선단은 엄청난 양의 원면을 들여왔고 대부분을 북부 이탈리아와 남부 독일에서 온 상인들에게 넘겼다. 15세기 초엽 베네치아는 이들에게 1만 자루가량의 원면(자루당 150킬로그램)을 공급하고 있었다.

지중해를 통해 많은 양의 면화가 유통되었다는 것은 중세 말 유럽 사회에서 면제품의 소비가 일반화되었다는 사실에서 증명된다. 13세기 무렵 지중해를 항해하는 기독교 선박들은 이전에 사용하던 마직으로 된 돛 대신 면직으로 된 돛을 사용하기 시작했다. 낡은 면직 옷이나 헝겊은 종이를 만드는 재료로 재활용되었다. 또한 솜은 옷이나 침구류의 속을 채우는 재료로 많이 이용되었다. 특히 솜으로 속을 채운 지퐁(쥐퐁, jupon)이라 불리는 이슬람식 의복이 기독교 사회에 도입되어 폭발적인 인기를 끌었다. 이런 연유로 지퐁은 복식사에서 최초로 유행이라는 현상을 불러일으킨 의복으로 인정되기도 한다. 중세 말에 이르면 면직물 생산은 더욱 늘어나 농부와 도시의 노동자와 같은 하층민들도 면직으로 된 옷을 입을 수 있게 되었다.

유럽의 모직물 산업도 지중해 교역에 크게 영향을 받았다. 중세 말 서유럽 기독교 상인들은 동방과의 무역을 계속하기 위해서 유럽산 모직물이 절대적으로 필요했다. 유럽은 동방과의 무역에서 항상 적자 상태에 있었는데, 12세기에는 주로 수단산 금으로 이를 메울 수 있었다. 그렇지만 중세 말 들어 귀금속이 부족해짐에 따라 유럽 상인들은 되도록이면 현지에서 유럽의 대표 상품인 모직물로 동방산 물품을 구입하려고 애썼다. 그런 점에서 모직물이 없었다면 중세 말 지중해 무역은 불가능했을 것이다.

유럽산 직물의 동방 수출은 14세기 후반에 들어 획기적으로 증가했다. 이는 유럽 내의 모직물 산업의 발전 덕분이기도 했지만 특히 14세기 이후 이집트와 시리아에서 발생한 경기 침체의 결과이기도 했다. 15세기 초엽 아랍의 역사가인 알 마크리시(al-Maqrīzī, Ahamd ibn Àli Taqī al-dīn, 1364~1442)는 자신의 저서 『이집트 지형학(*Description topographique et historique de l'Égypte*)』에서 당시 이집트는 심각한 경제적 위기 국면에 있었고, 이러한 위기는 사람들의 복장에서도 큰 변화를 초래했다고 지적하고 있다.

> "옛날에는 모직 옷을 거의 입지 않았고, 프랑크 인, 마그레브 인, 카이로와 알렉산드리아의 하층민들 정도가 입고 다녔다. 이제는 많은 사람들이 모직 옷을 입게 되었다. 유럽 상인들은 엄청난 양의 모직 옷을 들여와 카이로 시장에 내다 팔고 있다."

역으로 서유럽 모직물 산업은 지중해 교역을 촉진시키는 역할도 했다. 모직물 산업이 발달하자 이와 동시에 염료에 대한 수요도 늘어났다. 당시 염색에 사용되는 재료는 꼭두서니, 사프란, 대청, 뽕, 블루베리, 청금석, 인디고, 브라질우드, 락카, 그라나(grana, 진홍색 염료), 진사 등이 있었다. 이베리아 반도에서 대규모로 생산되는 사프란은 서유럽 시장뿐만 아니라 지중해를 통해 동방의 이슬람 세계에까지 수출되었다. 동방에서 들어오는 인디고과 브라질우드는 좋은 색감을 만들어 내는 고가의 염색 재료로 인기가 높았다. 인도가 원산지라서 인디고라는 이름이 붙은 인디고는 동서양 모두에서 인기가 높았다. 인디고의 재배는 이슬람 세계로 퍼져 나갔고 12세기 무렵 수요가 늘어나자 시리아와 이집트 등지에서도 생산이 늘어났다. 인디고는 좋은 색감의 검은색을 얻는데 중요한 역할을 했고 북부 이탈리아나 플랑드르에서 생산되는 최상의 모직물을 염색하는 데 널리 이용되었다. 인디고의 수요는 염색에 그치지 않았고 중세 말 이탈리아에서는 물감 재료로도 인기가 높았다.

염료의 수요가 증가함에 따라 직물을 염색할 때 색깔이 잘 스며들게 하는 착색재인 명반의 수요 또한 폭발적으로 증가했다. 명반은 향신료 못지않게 지중해 교류를 주도했던 상품이다. 명반은 12세기에는 주로 이집트에서 생산되었다. 그러나 13세기 후반부터 소아시아의 포체아 광산이 개발되면서 이 지역이 가장 중요한 공급지로 떠올랐다. 당시 이곳을 실질적으로 소유하고 있었던 세력은 제노바였기 때문에 제노바 거상들이 서유럽에 대한 명반 공급을 사실상 독점하고 있었다. 15세기 중엽에는 명반 광산의 개발에서 판매에 이르는 모든 과정을 독점하기 위해 소수의 제노바 거상들로 구성된 명반 카르텔이 형성되었다. 당시로서는 가장 규모가 큰 합자 회사였고, 여기에 참여한 제노바 상인들은 지중해에서 가장 부자들에 해당했다. 중세 말 제노바의 상업적 영향력이 직물 생산에 필수 불가결한 명반에 대한 지배권에서 유래했다는 사실에서도 명반 무역의 중요성이 잘 드러난다. 명반의 수요는 전 유럽적이었지만 양모 산업이 발달한 플랑드르와 영국 그리고 마무리 과정을 특화해서 고급 직물을 생산하는 이탈리아 도시들에서 예외적으로 많았다. 무겁고 저렴해서 향신료에 비해 수익성이 낮았던 명반을 동지중해에서 대서양으로 수송하기 위해 제노바 상인들은 당시로서는 상상하기 힘든 엄청난 규모의 초대형 범선을 활용하게 되었다. 명반을 실어 날랐던 제노바 대형 범선의 선적량은 1000톤을 넘는 경우가 많았고, 이들 선박은 수천 자루의 명반을 적재하고 지중해를 넘어 대서양을 왕래했다. 1445년 여덟 척의 제노바 대형 범선은 동지중해에서 대서양으로 325,100리라 어치의 상품을 수송했는데, 그중 211,500리라가 명반이었다.

교황령이었던 이탈리아 톨파에서 새로운 명반 광산이 발견된 1460년 이전까지 서유럽 직물 산업은 동지중해에서 생산된 명반에 전적으로 의존하고 있었다. 새로운 명반 광산을 발견한 사람은 교황 피우스 2세(Pius II, 재위 1458~1464)의 손자인 조반니 다 카스트로였다(Giovanni da Castro, ?~?). 이 사건을 기록한 피우스 2세의 회고록에는 명반이 얼마나 중요한 전략 상품이었는지를 잘 보여 준다.

> "오늘 전하께 투르크에 대한 승리를 가져왔습니다. 투르크인들은 명반 판매로 기독교인들로부터 해마다 30만 두카토 이상 빼앗아 갑니다. 명반이 푸테올리 부근의 이스치아 섬에서

소량 산출되는 것 외에는 이탈리아에서 거의 나지 않기 때문입니다. 이는 고대 로마인들이 모두 캐내 간 탓입니다. 그러나 저는 이곳의 일곱 군데 산에서 전 세계 모든 수요의 일곱 배나 되는 많은 양을 발견했습니다. 만일 전하께서 용광로를 건설하여 광석을 녹이게 한다면 전 유럽에 명반을 공급할 수 있을 것입니다. 그러면 투르크는 더 이상 소득을 올리지 못하고, 대신 전하께서 모든 것을 얻게 되실 겁니다. 전하께서는 키비타베키아 부근에 동방으로 항해하는 배에 선적할 수 있는 항구를 가지고 계십니다. 이제 투르크와의 전쟁을 준비하십시오. 이 광산은 전하께는 군자금을 공급할 것이고, 투르크로부터는 군자금을 빼앗을 것입니다."

광산에서 나오는 부가 투르크와의 전쟁 자금으로 쓰이진 않았지만 새로운 명반 광산의 개발과 판매가 엄청난 규모의 사업이었다는 사실은 이후 피렌체 출신의 거상 메디치 가문의 성공 신화에서도 확인된다. 명반을 추출하고 여과하여 상품화하기 위해서는 상당한 투자가 필요했고 1465년 새 교황 파울루스 2세(Paulus II, 재위 1464~1471)가 메디치 가문과 계약을 맺고 광산의 경영권과 명반의 분배 판매권을 모두 넘겼다. 이를 통해 메디치 가문은 막대한 부를 획득했고 이후 유럽에서 제일가는 대가문으로 성장할 수 있었다.

지중해를 통해 직물 산업에 필요한 여러 원료들과 완제품이 활발하게 교환되었다는 사실은 종교와 문화가 다른 여러 지역들이 경제적으로 상호 의존적이었음을 보여 주는 좋은 증거다. 향신료의 경우 거래는 일방적이었다. 즉 동방은 항상 공급을 했고 서방은 항상 수요자였다. 반면 직물과 원료의 거래는 상호적이었다. 원료 공급자와 완제품 생산자의 역할은 상품에 따라 달랐다.

지식과 기술의 교류는 없었을까?

향신료나 직물과 같은 다양한 종류의 상품과 함께 지식과 기술도 전파되었다. 하지만 여기서 주목해야 할 점은 지식과 기술의 전파는 일방적인 성격을 띠고 있었다는 것이다. 즉 선진 지식과 기술은 거의 항상 동에서 서로 흘러 들어왔다. 1차 십자군 이후 이슬람과 비잔틴 제국과의 교류가 확대되면서 서방 기독교 세계는 이들을 통해 다양한 방면의 선진 문화를 섭취할 수 있었다. 의학, 천문학, 화학, 지리학, 수학, 건축 분야에서 프랑크 인들은 아랍 서적들에서 지식을 흡수하여 모방하였고 때론 이를 뛰어넘기도 하였다. 농업과 산업 분야에서도 프랑크 인들은 아랍의 선진 문명을 받아들였다. 제지술, 직조술, 알코올 증류법, 설탕 제조법 등이 아랍에서 기독교 세계로 전파되었고 그 결과의 하나로 오늘날 유럽에서는 아랍 어의 영향이 많이 남아 있다. 방위각, 대수학, 십진법 등의 프랑스 어 표현은 아랍 어에서 나왔다. 면화를 지칭하는 코튼(cotton)이나 설탕을 뜻하는 슈가(sugar)도 아랍 어에서 나왔다.

일반적으로 고대 그리스와 로마의 지식은 중세 이슬람과 비잔틴 세계에서 한층 발전하여 서방 기독교 세계로 다시 전수되었다. 가령 고대 히포크라테스와 갈레누스의 의학 체계는 중세 이슬람 세계를 대표하는 과학자이자 의사였던 이븐 시나(Ibn Sina, 980~1037, 라틴 어로 아비체나(Avicenna))에 의해 더욱 정교해졌고 이후 유럽 기독교 세계에 수용되었다. 특히 이베리아 반도의 유대 인 의사들이 이러한 전파 과정에 중요한 역할을 수행했다. 11세기 말과 12세기 초 이베리아 반도를 새로 장악한 알모라비데 왕조와 알모아데 왕조는 그라나다의 유대 인들을 축출했고 이렇게 축출된 유대 인들은 이베리아 반도 북부, 남부 프랑스, 이탈리아 등지로 이주했다. 기독교 지역으로 쫓겨난 유대 인 의사들은 라틴 어, 헤브라이

어, 카스티야 어를 알고 있음에도 연구와 교육에서는 아랍 어를 선호했고 15세기 초까지도 아랍 어로 의학서를 저술하려고 했다. 아랍 어가 의학 분야뿐만 아니라 전문적인 지식을 표현하고 기록하기에 가장 적합한 언어라는 인식은 기독교인들에게도 퍼져 있었다. 그라나다에서 태어나 12세기 중엽 알 모아데 왕조의 박해를 피해 남부 프랑스로 이주한 유대 인 의사 이븐 티본(Ibn Tibbon, 1150~1230)은 아랍 어의 우수성을 다음과 같이 표현했다.

> "아랍 어는 포괄적인 언어이고 모든 주제에 관련된 어휘가 풍부하다. 아랍 어는 이 언어를 말하거나 쓰는 모든 사람들의 욕구를 충족시켜 준다. 아랍 어의 표현은 정확하고 명확하며 모든 질문의 핵심을 관통하며 헤브라이 어보다 더 많은 표현이 가능하다."

이러한 인식은 중세 말까지도 이어졌다. 교황 베네딕투스 13세(Benedictus XIII, 재위 1724~1730)의 개인 주치의이기도 했던 이베리아 반도 출신의 유대 인 의사 조슈아 하 로르키(Joshua ha-Lorqi, ?~?)는 아라곤 왕국의 유명 유대 인으로부터 의학서를 저술해 달라는 요청을 받았다. 그는 서문에서 이 책을 아랍 어로 쓰는 이유는 아랍 어가 ‘부드럽고 순수한 언어’이기 때문이라고 밝힌다.

다양한 분야의 제작 기술도 동에서 서로 전파되었다. 동방에서 들어와 서유럽 기독교 세계를 바꾼 물건 중의 하나가 종이였다. 중국에서 발명된 종이는 이후 아랍 세계로 전파되었고 8~9세기경에는 아랍의 여러 지역들이 종이를 자체 생산할 수 있었다. 질 좋고 사용이 편리한 종이가 도입되면서 거칠고 무거운 초지인 파피루스는 자연적으로 도태되었다. 제지술이 이슬람을 통해 비잔틴 제국과 서방 기독교 세계에 전파된 시기는 11~12세기 무렵이었다. 하지만 서방 기독교 세계가 본격적으로 종이 생산을 시작한 것은 13세기 후반 무렵부터였고 그 이전까지는 이집트의 알렉산드리아로부터 종이를 수입하고 있었다.

13세기 후반에 이베리아 반도에서 종이를 제작하기 시작했고, 이후 다른 지역들도 종이 제작에 뛰어들었다. 중세 말 중부 이탈리아가 주요한 종이 생산지로 부상했고, 특히 파브리아노(Fabriano)에서 대량으로 제작된 종이는 전 유럽으로 팔려나갔을 뿐만 아니라 기존의 공급자였던 동방으로까지 수출되기에 이르렀다.

중세 말 종이의 대량 생산은 유럽 역사에서 큰 전환점이 되었다. 대량 생산이 이루어짐에 따라 가격이 낮아졌고 기록 생산은 이제 더 이상 성직자들의 점유물이 아니게 되었다. 상인을 비롯한 중간 계층들도 기록 생산에 참여할 수 있었다. 기록 생산이 늘어나면서 자연스럽게 사상과 정보의 교환이 활발해졌고 그 결과 14~15세기 이탈리아에서 시작되었던 르네상스 문화가 알프스 이북으로 빠른 속도로 전파되었다. 16세기 독일 등지에서 일어난 종교 개혁이 널리 알려지고 성공할 수 있었던 이유 또한 종교 개혁가들의 사상이 글의 형태로 대중들에게 전파되었기 때문이다.

동방의 선진 산업 기술이 서방 기독교 세계에 전달된 사례는 종이만이 아니었다. 견직물 산업의 경우가 기술 이전의 대표적 사례였다. 십자군 시절 서유럽은 비잔틴 제국에서 생산된 고가의 견직물을 수입해 왔다. 유럽에서 견직을 자체 생산하기 시작한 것은 12세기 후반에 들어서였고 그 중심지는 이탈리아 도시들이었다. 1150년경 이탈리아 루카(Lucca)에서 시작된 견직 산업은 13세기 초에는 베네치아로, 좀 더 나중에는 제노바로 확산되어 갔다. 특히 제노바와 루카는 15세기 서방 기독교 세계에서 가장 중요한 견직물 생산지로 성장했다. 유럽 내 자체 생산으로 동방산 완제품의 수입은 줄어들었지만 원료의 수입은 늘어나게 되었다. 로마니아와 소아시아에서 생산된 원견을 확보하기 위해 베네치아와 제노바 상인들은 치열하게 경쟁했다. 원견의 수입이 늘어나자 완제품뿐만 아니라 원료를 자체 생산하려는 시도들도 나타났다. 밀라노 공작 가문인 스포르차 가문과 만토바의 곤차 가문은 누에고치 생산을 장려해 원료의 해외 의존도를 낮추기도 하였다.

상업 기술과 제도도 서유럽 기독교 세계로 흘러 들어왔다. 십자군 이후 이탈리아 상인들이 활용했던 여러 상업 기술과 제도들 중에서 상당수가 이슬람 세계에서 전파된 것들이었다. 그중에 대표적인 사례가 코멘다(commenda)라 불리는 이슬람 세계의 대부 제도다. 12~13세기 유럽 상인들은 자금을 빌릴 경우 주로 코멘다 계약을 이용했다. 코멘다 계약은 투자자가 상인의 여행에 자금을 대여해 주는 상업 계약으로 십자군 이후 성장하고 있던 원거리 지중해 무역을 더욱 활성화시켰다. 이 외에도 환어음, 신용 체계, 보험과 은행업 등과 같은 금융 제도들이 이탈리아 상인들을 통해 기독교 세계에 소개되었다. 더 나아가 이탈리아 상인들은 이러한 상업 기술과 제도들을 개량, 발전시킨 경우도 있었다.

선박 제조 기술과 항해 기술의 전파도 유럽 세계를 변화시키는 데 크게 일조했다. 대항해 시대를 가능하게 했던 중세 말 지중해의 항해 혁명은 자생적 발전이기보다는 주로 동방과의 교류를 통해서 얻은 기술을 바탕으로 이루어졌다. 항해용 나침반은 중국에서 발명되어 이슬람을 거쳐 유럽으로 전달되었고, 아스트롤라베(Asrtolabe)라 불리는 천체

천체 관측기구인 아스트롤라베의 한 종류

관측기구는 이슬람 세계로부터 유럽 인들에게 소개되었다. 어떤 역사가는 13세기 후반 지중해 도입된 새로운 형태의 조타 방식인 중앙타가 중국에서 발명되어 아랍 인들을 통해 지중해에 도입되었다고 주장하기도 하지만 중앙타(single rudder)는 대서양으로부터 지중해에 도입된 것이라는 견해가 우세하다. 그러나 항해와 선박에 관한 많은 기술들이 아시아에서 이슬람 세계를 통해 지중해에 도입되었다는 사실에는 변함이 없다.

때론 인적 자원 자체의 유입도 있었다. 1438년 비잔틴 황제와 그 사절단이 피렌체를 방문한 사건이나 1453년 콘스탄티노플이 오스만의 수중에 들어가면서 많은 그리스 지식인들

이 서방 기독교로 피신한 사건 등은 고급 인력의 유입 현상을 잘 보여 준다. 1438년 비잔틴 황제와 그 사절단이 이탈리아를 방문한 목적은 동서 교회의 통합을 이루고 더 나아가 팽창하는 오스만 세력을 저지하자는 것이었다. 물론 물질적이고 경제적인 도움을 청하러 왔지만 콘스탄티노플에서 온 사절단은 이탈리아 인들에게 큰 문화적 충격을 주었는데, 그것은 그들이 교리 논쟁을 위해 가져온 많은 책들과 학술 서적 때문이었다. 이들의 방문은 주로 고전 로마 문화의 부흥에 집중되었던 이탈리아 르네상스를 한 단계 끌어올리는 역할을 했다. 실제로 메디치 가문은 이를 계기로 피렌체에 플라톤 아카데미아를 설립해 고전 그리스 문화를 부흥케 했다.

결국 십자군 이후 더욱 활발해진 지중해 교류는 서방 기독교에게는 하나의 기회로 작용했다. 십자군 시절까지만 해도 이슬람 세계와 비잔틴 제국은 후발 주자인 서방 기독교에 비해 여전히 지적으로나 물질적으로 앞선 문명을 보유하고 있었다. 그렇지만 십자군이 진행된 12~13세기 내내 서방 기독교는 선진 지역이었던 비잔틴과 이슬람 세계 그리고 더 멀리 아시아로부터 많은 것을 얻어 냈고, 이것이 이들에게 도약의 발판을 마련해 주었다.

지중해 무역은 황금 알을 낳는 거위였을까?

일반적으로 이탈리아 상인들은 중세 지중해 무역에서 막대한 이익을 얻었다고 알려져 있다. 비슷한 맥락에서 이슬람 상인들에 의해 지중해 동부 연안에 도착한 향신료는 이미 출발지보다 가격이 수십 배나 뛰어 있었고, 베네치아 상인들은 향신료를 유럽 시장에 판매하고 막대한 이윤을 거두었으며 그 결과 향신료가 유럽 인의 식탁에 오를 때쯤이면 금값이었다는 이야기도 있다. 많지는 않지만 이와 같은 맥락의 이야기들을 직접적으로 전해 주는 당대 자료들도 있다. 1500년 무렵 베네치아 출신의 연대기 작가 지롤라모 프리울리는 캘리컷에서 1두카토 하는 향신료가 유럽에 오면 60~100두카토가 된다고 말했다.

그러나 지롤라모의 이야기에는 지나친 과장이 섞여 있는 듯하다. 1512년 이집트를 여행한 프랑스 사람 장 테노는 유럽 상인들이 지중해 무역에서 100퍼센트 이상의 수익을 얻었다고 여행기에 적고 있다. 이 여행기의 수치도 거래가 잘 되었을 경우에 해당한다. 유럽 상인들이 동방과의 무역에서 얼마나 많은 이윤을 얻었는지를 구체적으로 보여 주는 사료는 구매에서 최종 판매에 이르는 모든 과정을 수량적으로 기록한

회계 장부이다. 회계 장부에는 이윤과 손실 계정이 따로 설정되어 있기 때문이다. 발루타(valuta)라 불리는 시장 가격 목록도 이에 관한 꽤 정확한 정보를 제공한다. 발루타에는 시장에서 판매되는 상품, 시세 그리고 판매 단위가 명기되어 있다. 따라서 유럽 상인들이 향신료를 구입했던 가장 큰 도매 시장이었던 알렉산드리아와 베이루트 시장의 향신료 가격과 판매지인 베네치아 시장의 향신료 가격을 비교하면 상대적인 이윤을 추정할 수 있다.

회계 장부에 따르면 이탈리아 상인들은 다양한 종류의 비용을 지불했다. 베네치아 중개 상인의 예를 들어 보자. 일차적으로 베네치아 상인들은 동지중해의 베이루트와 알렉산드리아 시장에서 향신료, 면화와 같은 상품을 구입할 때 대략 스무 가지 항목의 비용을 지불해야만 했다. 여기에는 중개 수수료, 창고까지의 운반비, 창고 보관료, 포장비, 창고에서 항구까지의 운반비, 항구 감시원 비용, 관세, 갖가지 특별비가 포함되어 있었다. 그다음 베이루트와 알렉산드리아 항구에서 상품을 선적한 후 본국까지 수송하기 위해 운임과 해상 보험료를 지불해야 했다. 최종적으로 수입 관세와 최종 판매 때까지 사소한 비용을 추가로 부담해야 했다.

중세 말 운송료는 상당히 낮았다. 베네치아 갤리선을 이용해 동방에서 베네치아로 향신료를 수송할 경우 운송료는 상품 가격의 3퍼센트 정도였다. 오히려 해상 보험료가 운송료보다 비쌌다. 총 비용 중에 가장 큰 몫은 동지중해 시장에서 지불해야만 했던 각종 세금이었다. 개별 상품과 노선에 따라 비용은 달랐다. 후추와 생강을 알렉산드리아로부터 베네치아로 수입할 때 소요된 비용은 상품 가격의 15퍼센트고, 면화의 경우에는 30~40퍼센트였다.

각종 세금과 비용을 지불한 후 베네치아 상인들이 얻은 이익은 얼마 정도였을까? 이윤은 시대, 상품의 종류, 개별 상인, 시장 여건 등 다양한 변수에 따라 크게 달라졌다. 일반적으로 십자군 시절 꽤 높았던 수익률은 중세 말로 갈수록 점차 하락했다. 이러한 현상은 중세 말로 갈수록 지중해 상업 교역이 점차 안정되었고 거래 규모 또한 커졌음을 의미한다. 투기와 모험적 기회가 줄어들면서 기대 수익도 낮아질 수밖에 없었다. 이익율의 하락은 투자 계약에서도 변화를 수반했다. 십자군 시절 모험 사업에 적합한 대부 제도였던 코멘다 계약이 중세 말로 갈수록 점차 줄어들었던 것이다.

그렇다면 중세 말 지중해 무역은 더 이상 황금 알을 낳는 거위가 아니었을까? 1443년 한 베네치아 상인은 알렉산드리아 시장에서 구입한 후추를 베네치아 시장에서 판매해 60퍼센트의 이익을 얻었다. 반면 1481년 다른 베네치아 상인은 다마스 시장에서 구입한 후추를 판매하고 10퍼센트의 이익밖에는 얻지 못했다. 이처럼 편차가 있기는 하지만 베네치아 상인들은 후추와 생강 무역에서 평균 40퍼센트 정도의 이익을 획득했다. 후추와 생강에 비해 수입량이 적고 가격이 비싼 향신료의 경우 수익률은 약간 더 높았다. 그렇지만 향신료 교역에서 수십 배의 이익을 얻었다는 이야기에 비추어 보면 이러한 수익률은 여전히 초라한 수준이다. 그러나 향신료 거래에서 얻을 수 있었던 이 수익률은 다른 상품 거래나 제조업에서 거둘 수 있는 수익률보다는 여전히 높았다. 유럽산 모직물을 동지중해의 이슬람 시장에서 판매하고 얻을 수 있는 수익률은 대체적으로 30퍼센트를 넘지 않았다. 실제로 1400년 무렵 중부 이탈리아 출신의 상인 프란체스코 디 마르코 다티니가 직접 제작한 모직물을 판매해서 얻은 수익률이 30퍼센트를 넘는 경우가 드물었고 평균적으로 15퍼센트 정도였다. 다티니 상사가 영국 모직물을 판매해서 얻은 수익률은 평균 17퍼센트 정도였다.

4

해상 수송은 어떻게 이루어졌을까?

- 어떤 종류의 배들이 있었을까?
- 선박의 성능은 어떠했을까?
- 누가 가장 많은 선박을 보유하고 있었을까?
- 여행객을 위한 수송 서비스는 없었을까?
- 이슬람 상인과 기독교 상인이 한 배에 탔을까?

어떤 종류의 배들이 있었을까?

배는 지중해 역사를 이해하는 중요한 키워드 중의 하나다. 배는 상품과 정보를 실어 나르는 단순한 물리적 수단을 넘어서서 지중해의 해상권 장악을 의미했다. 이는 곧 배가 자신들의 이해관계를 다른 세력들에게 강요할 수 있는 기본 수단이었다는 말과 통한다. 좀 더 좋은 배를 좀 더 많이 가지고 있는 세력이 지중해의 역사를 주도할 수 있었다.

지중해에서 사용된 선박은 헤아릴 수 없을 정도로 다양했다. 같은 형태의 선박이라도 지역과 시기별로 다른 명칭으로 불렸기 때문에 지중해 선박의 발전 과정을 상세하게 밝히기는 매우 어렵다. 수송할 상품, 수송할 거리, 교역 대상국 등에 따라 선박 활용은 달라졌다. 그런 이유로 여기서는 주로 원거리 노선을 항해했던 선박만을 다루고자 한다.

지중해 원거리 수송에 사용되었던 선박은 형태상 크게 두 가지로 구분된다. 하나는 폭이 좁고 전장이 긴 갤리선이었고 다른 하나는 갤리선에 비해 폭이 상대적으로 넓은 둥근 형태의 선박이었다. 갤리선의 추진력은 인간의 노동력이었던 반면 둥근 형태의 범선은 돛에 의해 움직였다. 물론 돛을 장착한 갤리선도 있었다. 두 형태의 선박은 기능 면에서도 약간의 차이가 있었다. 일반적으로 둥근 형태의 범선은 상선으로, 갤리선은 군함으로 사용되었다. 그렇지만 갤리선은 상선으로도 자주 활용되었다.

지중해 선박 발전사는 크게 두 시기로 나눠 살펴볼 수 있다. 첫 번째 시기는 중세 초부터 13세기 말까지이다. 이 시기 동안 지중해의 선박과 항해 기술은 큰 구조적 혁신이나 발전 없이 그대로 유지되었다. 7세기 중엽 이후 선박의 크기가 작아졌고, 예컨대 로마 제국 시절 곡물을 수송하기 위해 사용되었던 초대형 선박이 지중해에서 사라졌다. 선박을 건조하는 방식도 이전에는 판자를 먼저 붙이는 방법에서 배의 용골을 먼저 제작한 다음 판자를 붙이는 방식으로 변화했다. 돛은 사각에서 삼각으로 바뀌었다. 7세기에서 11세기 말까지 비잔틴 제국의 대표적 상선은 하나의 돛대에 하나의 삼각 돛, 곡선형

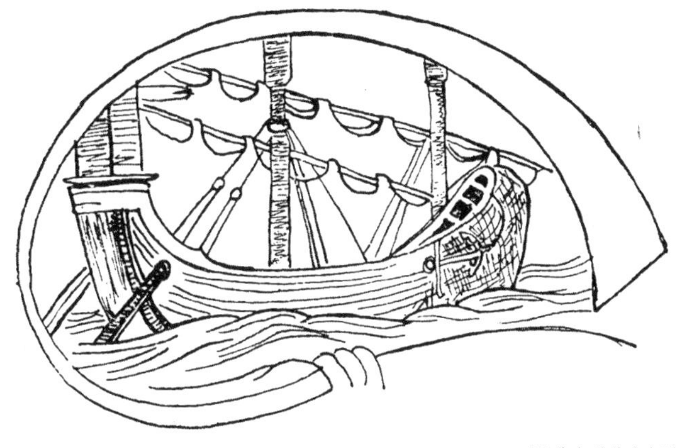

13세기 베네치아 범선

선수와 선미, 낮은 용골, 두 개의 측면타가 있는 250톤 급의 범선이었다. 이슬람과 서유럽 세계의 선박도 비잔틴 제국의 선박과 크게 다르지 않았다. 12세기 이후 선박의 크기가 점차 커졌는데 이러한 현상은 서유럽 세계, 비잔틴 제국과 이슬람 세계 모두에서 나타났다. 하지만 다른 혁신적인 변화가 있었던 것은 아니다. 기껏해야 하나의 돛대가 두 개 내지 세 개로 늘어난 것뿐이었다. 그런 점에서 중세 초부터 13세기 말까지 지중해에서 사용되었던 범선들은 기본적인 형태와 성능이 유사했다.

갤리선은 둥근 범선에 비해 폭이 좁고 길이가 긴 선박이었다. 이 시기 갤리선은 한 개의 갑판을 보유한 50톤 급의 이 단 갤리선이었다. 빠르고 기민하다는 장점 덕분에 갤리선은 지중해에서 16세기 후반까지 군함으로 가장 선호되었다. 물론 상선으로 사용되기도 했다. 일반적으로 갤리선은 노로 움직였지만 노와 돛을 함께 사용하는 선박도 있었다. 갤리선은 범선에 비해 낮은 건현 때문에 먼 바다의 높은 파도에 쉽게 전복되었고 선적 공간이 부족해 충분한 음료와 식량을 선적할 수 없어 보급을 위해 자주 항구로 귀환해야만 했다. 이러한 특징과 한계 때문에 먼 바다 항해에는 적합하지 않아 주로 연안을 따라 항해해야만 했다.

자연환경뿐 아니라 기술적 한계도 선박의 항해를 제한했다. 순풍과 역풍에 따라 항해 시간에 큰 차이가 발생했는데 주로 서풍이 우세한 지중해에서는 서쪽에서 동쪽으로 가는 항해가 반대의 경우보다 두 배나 더 빨랐다. 특히 사람의 노동력이 아닌 돛을 이용해 항해하는 범선은 바람의 영향을 더 많이 받을 수밖에 없기 때문에 역풍이 부는 동쪽에서 서쪽으로 항해할 때는 하루에 풍향이 여러 번 바뀌는 해안 풍과 시계 반대 방향으로 흐르는 조류를 이용했다. 범선보다는 약간 유리했지만 노를 이용하는 갤리선도 바람에 취약하기는 마찬가지였다. 이는 결국 범선과 갤리선이 각각 특정한 항로를 따라서만 항해하는 결과를 만들었고 따라서 이 시기에 배의 형태와 항해술을 가장 효과적으로 이용하는 방법은 바로 북쪽 해안선을 따라 이동하는 것이었다.

선박의 성능은 어떠했을까?

14세기에 접어들면서 '항해 혁명'이라 불릴 정도의 혁신적인 발전 덕분에 선박의 성능은 이전과 비교해 한층 향상되었다. 물론 바람, 조류, 해안선의 형태와 같은 자연환경의 제약을 완전히 극복하지는 못했지만 지중해 항해는 이전에 비해 훨씬 수월해졌다. 가장 괄목한 성과 중의 하나는 이전까지는 현실적으로 불가능했고 법적으로도 금지되었던 겨울 항해가 가능해졌다는 것이다. 개량된 선박들은 더 오랫동안 항해할 수 있었고, 해안으로부터 더 멀리 나아갈 수 있었고, 더 많은 물건을 수송할 수 있게 되었다.

어떤 변화가 이러한 혁신을 가능하게 했을까? 이 시기에는 이전까지는 주로 군선으로 사용했던 갤리선을 상업용으로 사용하기 시작했다. 노로 움직이는 갤리선의 속도와 원형 범선의 장점인 대량 수송 능력을 결합한 새로운 형태의 갤리선, 즉 갤리 상선(갈레레 다 메르카토, galere da mercato)이 탄생한

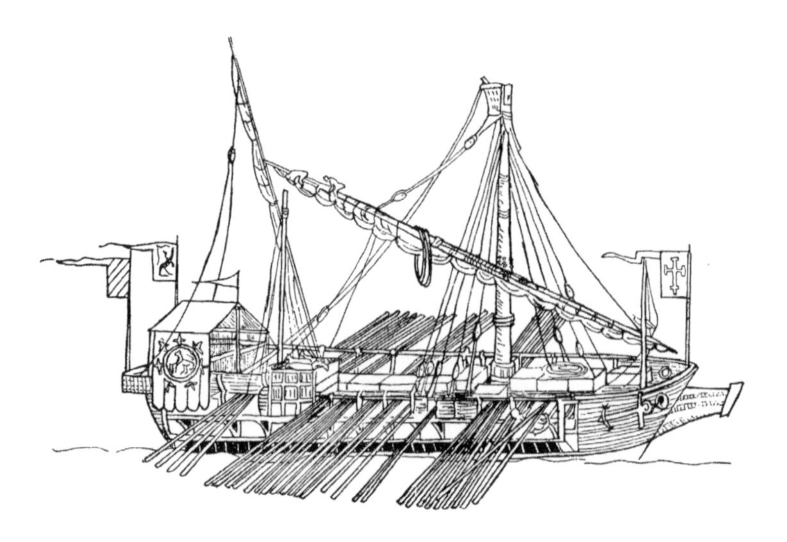

중세 말 베네치아 갤리 상선

것이다. 갤리 상선의 가장 큰 장점은 속도와 안정성에 있었다. 갤리 상선의 주동력원은 돛이었고, 바람이 불지 않거나 입항이나 출항 시는 보조 동력인 노를 사용함으로써 기상 조건에 좌우되지 않고 항해할 수 있게 되었다. 갤리 상선을 이용할 경우 14세기 말 알렉산드리아에서 베네치아로 돌아오는데 소요되는 시간은 한 달 정도였다. 또한 무법천지 바다에서 200명 정도의 선원이 탄 갤리 상선은 상거래의 안전을 보장해 줄 수도 있었다. 당시 거의 해적질에 가까웠던 해전은 대항해 시대의 대포를 쏘아 대는 원거리전이 아니라 배와 배가 맞부딪치는 접근전이기 때문에 빠른 기동성을 갖추고 많은 전투원이 탑승했던 갤리 상선이 유리했던 것은 당연했다. 그래서 당시 상인들은 갤리 상선에 짐을 실어 보낼 경우 보험을 들 필요가 없다고까지 이야기했다.

안전하고 빨랐지만 범선에 비해 상대적으로 높은 수송비 때문에 갤리 상선은 주로 후추와 생강과 같은 향신료와 고가의 직물을 실어 날랐다. 하지만 이후 갤리 상선의 크기가 커짐에 따라 수송비는 점차 낮아졌다. 13세기 베네치아 갤리선은 주로 95톤 급 정도의 선박이었는데, 14세기에는 250톤 급으로 개량되었고, 15세기에 이르면 300톤 급의 갤리 상선도 건조되었다. 15세기 플랑드르 노선에 투입된 베네치아 갤리 상선은 길이 50미터에 폭이 9미터로 약 250톤가량의 화물을 선적할 수 있었다. 베네치아는 예루살렘으로 가는 순례 여행객을 수송하기 위한 순례 선박을 매년 2회씩 정기 운행했는데 여기에도 갤리 상선을 투입했다.

갤리 상선의 도입보다 더욱 중요한 변화는 대서양 항해에 사용되던 코카(Cocca)라 불리는 원형 범선을 지중해 항해에 도입해 개량한 것이었다. 코카 선은 두 가지 측면에서 이전까지 지중해에서 사용되던 원형 범선과 달랐다. 지중해 원형 범선의 측면에 두 개의 방향타가 부착되었던 반면 코카 선의 경우 선미에 한 개의 방향타만이 있었다. 또한 기존의 원형 범

15세기 베네치아 캐락

선이 삼각돛을 이용했던 반면, 코카 선은 사각 돛을 채택했다. 특히 사각 돛은 바람 방향에 맞추기 위해 활대를 돌리는 데 투입되는 인원이 삼각돛보다 더 적다는 경제적 이점을 가지고 있었다. 1300년 무렵 지중해에 도입된 코카 선은 점차 개량되어 15세기 중엽에 이르면 전장을 완전히 갖춘 캐락 선으로 발전했다.

새로운 형태의 원형 범선인 코카 선은 점차 대형화되었다. 14세기 초엽 베네치아는 600톤 이상의 선박을 가지고 있지 않았지만 1450~1460년대에 이르러 600톤 이상의 선박을 아홉 척이나 보유하게 되었다. 제노바는 더 많은 대형 선박을 보유하고 있었는데, 피렌체 상인 베네데토 데이의 연대기에 따르면 1424년 제노바는 600톤 이상의 선박을 63척이나 가지고 있었다. 제노바의 초대형 원형 범선은 15세기 중엽에 이르면 1000톤 이상의 화물을 수송할 수 있을 정도로 커졌다. 15세기 제노바의 초대형 범선이 16~17세기 대항해 시대의 범선에 비해 규모가 작지 않았다는 사실은 이미 중세 말 이런 초대형 선박이 필요할 정도로 지중해 무역의 규모가 커졌음을 뜻한다.

선박이 커짐에 따라 당연히 수송비도 낮아졌다. 중세 베네치아 역사 연구가인 레인에 따르면 15세기에 약 25퍼센트 정도 수송비가 감소했다. 1501년 10월 21일 베네치아 원로원에서는 수송비 감소와 그것이 베네치아 무역에 미치는 부정적인 영향에 관한 토론이 벌어졌다. 실제로 1400년경 6두카토였던 시리아와 베네치아를 오가는 노선의 면화 수송비가 16세기 초 4두카토로 떨어졌다. 시리아행 면화 선단이 창설된 1366년 면화 수송비가 10두카토였음을 고려할 때 한 세기 반 동안의 수송비 하락폭은 100퍼센트를 상회한다. 이와 같은 수송비 하락 현상은 노선별로 정도 차이는 있었지만 베네치아 수송 노선 대부분에서 나타났다. 수송비 하락 현상과 함께 주목해야 할 문제는 15세기 지중해에서 수송비가 무역에 부담을 줄 정도로 그렇게 높지 않았다는 사실이다. 15세기에 베네치아 갤리 상선을 이용해 레반트(Levant)에서 향신료를 들어올 경우 수송비는 상품 가격의 3퍼센트 정도 밖에는 되지 않았고, 수송비 부담이 상대적으로 높았던 면화의 경우도 수송비는 상품 가격의 10퍼센트 정도였다. 제노바의 초대형 원형 범선을 이용할 경우 수송비는 더욱 저렴했는데, 예컨대 키오스에서 제노바로 면화를 수송할 경우 수송비는 6퍼센트 정도였다.

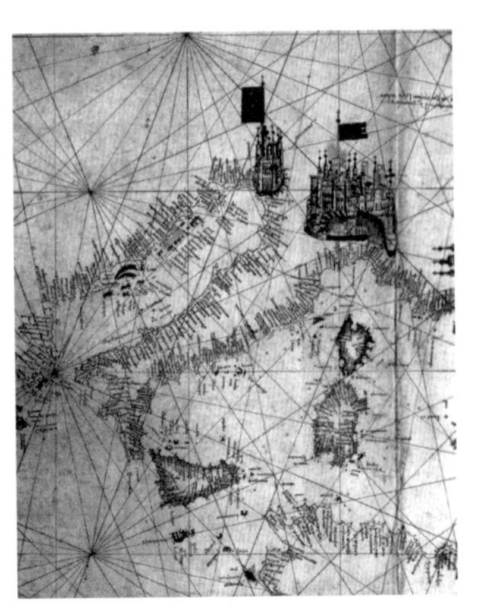

해로가 표시된 포르톨라노 해도

선박의 개량과 함께 항해 기술에서도 큰 발전이 있었다. 해도, 자기 나침반과 방위표는 항해술에 혁명적 변화를 가져왔다. 지중해에서 해도가 일반적으로 사용된 것은 13세기 후반에 들어서였던 것 같다. 해도는 포르톨라노(portolano)라 불리는 항로 안내서를 기반으로 작성되었다. 항로 안내서는 고대까지 거슬러 올라가는 오랜 역사를 가지고 있었다. 항구 사이의 거리와 방향을 알려 주는 항로 안내서는 시간이 흐를수록 더 많은 정보를 수록하게 되었고, 13세기 중엽에 이르면 지중해 주요 항구들을 포괄하는 항로 안내서가 편찬되었다. 이러한 항로 안내서에 나오는 정보를 이용해 해도를 작성했기 때문에 초기의 해도는 포르톨라노 해도라 불리기도 한다. 현존하는 가장 오래된 해도는 카르타 피사나(Carta pisana) 즉 피사 해도로 1275년쯤

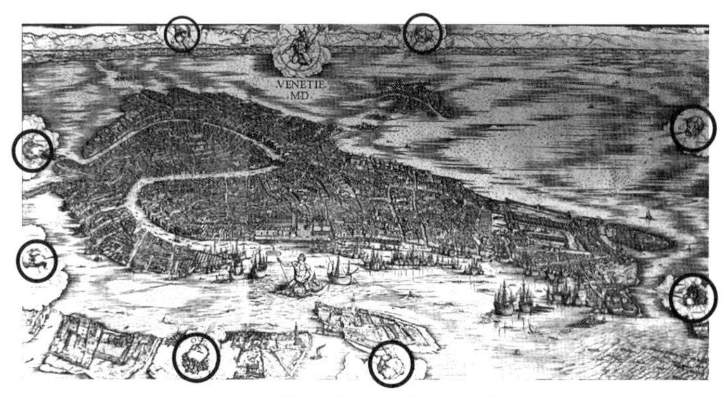

1500년 베네치아 전도. 지도 가장자리에 여덟 개의 두상(검정색 동그라미 안)이 바람을 뿜어내고 있는 8 풍배도이다. 자코포 데 바르바리 작품.

제작되었다. 양피지로 된 이 해도는 16 풍향 체계[6]를 보여 주며 꽤 정밀한 축적에 따라 그려졌다. 그 뒤에 더욱 정밀한 지중해 해도가 작성되었는데 중심지는 지중해의 해상 강국으로 성장한 베네치아였다. 14세기 베네치아 사람 피에트로 베스콘테는 아드리아 해를 비롯한 지중해 각지의 해도를 전에 없이 정확하고 상세하게 제작했다. 그의 후계자였던 피치가니 형제(마르코와 프란체스코 피치가니)는 14세기 가장 유명한 해도 제작자들이었다. 1367년 피치가니 형제가 제작한 해도는

---

6) 옛 해도에서는 여백에 그림을 그려 풍향을 표시하였다. 현재 남아 있는 중세의 해도들은 풍배도의 형태로 방향을 표시하거나 입김을 훅 뿜어내고 있는 두상을 여백에 그려 놓기도 했다. 원래 8방위 또는 12방위 체계에서 나침반 사용이 일반화되면서 16방위 체계로 바뀌었다.

32 풍향 체계를 보여 준다.

카르타 피사를 포함한 이들 해도는 지중해에서 나침반이 사용되고 있었음을 보여 준다. 13세기 후반 무렵에는 나침반 사용이 일반화된 듯하다. 나침반이 처음 발명된 곳은 중국이지만 나침반을 항해에 유용하게 이용했던 곳은 지중해였다. 나침반 좀 더 정확하게는 '자기 나침반'의 등장은 지중해 항해를 혁명적으로 바꾸어 놓았다. 나침반의 도입은 과거 주먹구구식 항해에서 명백히 수학적이고 과학적인 방법을 도입한 항해로의 변화를 상징했으며, 역사학자 레인은 이것을 '수학적 사고의 승리'라고까지 평했다.

나침반은 어떤 장소, 어떤 기후에서도 항상 북쪽을 가리키기 때문에 항해자들이 정확한 방향을 상정하고 항로를 설정할 수 있었다. 위도와 경도를 표시한 방위표(타볼라 디 마르텔로이오, tavola di marteloio)는 지그재그 형태로 항해하는 대신 좀 더 일직선으로 항해할 수 있게 만들었다. 결국 나침반, 해도 그리고 방위표는 새로운 항법을 가능케 했는데 이것이 바로 추측 항법(dead reckoning)이었다. 추측 항법은 천체 관측기구의 도움 없이 배의 위치를 알아내는 항법으로 일정한 침로를 따라 배가 움직인 대략적인 속도에 시간을 곱하면 이미 알고 있는 기존의 위치로부터 이동한 거리가 나온다. 이 새로운 항법이 없었다면 콜럼버스나 동시대인들이 새로운 대륙을 찾아 떠나지 못했을 것이다.

지중해에서 해상 혁명의 결과는 즉각적이었다. 무엇보다도 추측 항법의 도입으로 겨울 항해가 가능해졌다. 추측 항법이 사용되기 이전에는 해와 별을 보고 방향을 추측했기 때문에 겨울에 비, 안개, 폭풍우가 잦았던 지중해에서 항해는 모험에 가까웠다. 이전에는 10월과 이듬해 4월 사이에는 원거리 항해가 법으로 금지되어 있었고, 13세기 전반까지도 지중해의 겨울 바다는 여전히 항해가 불가능한 바다, 혹은 닫힌 바다(마레 클라우숨, mare clausum)로 불렸다. 그런 연유로 통상 3월 말에 레반트로 떠나 9월에 귀항하거나 8월에 출발해서 현지에서 겨울을 나고 이듬해 봄, 주로 5월에 다시 돌아오는 것이 일반적인 관행이었다. 그러나 자석이 달린 나침반은 나쁜 기상 조건에도 위치를 파악할 수 있게 함으로써 겨울 항해를 가능하게 만들었다.

13세기 말 이후의 기록들은 겨울 항해가 실제로 이루어지고 있었음을 보여 준다. 1290년 베네치아 대위원회는 3월 말에서야 바닷길이 열렸음을 공포하는 관행을 깨고 1월과 2월에도 바닷길이 열렸음을 알렸다. 이제 봄 선단은 늦겨울에 떠나 5월이나 초여름에 베네치아로 귀항했고, 가을 선단은 한여름에 떠나 초겨울에 다시 돌아올 수 있었다. 결국 겨울 바다가 열림에 따라 일 년에 두 번 레반트행 항해가 가능해졌다. 제노바는 일 년에 두 번 이상 항해를 하도록 법으로 정해 놓기까지 했으며, 그중의 한 번은 겨울인 2월에 항해를 시작하되 해외에서 체류하지 않도록 했다. 피사의 공증인 문서 또한 1280년경에는 겨울 출항이 자주 있었음을 보여 준다.

겨울 항해는 여러 측면에서 이점을 가지고 있었다. 우선 당시의 배들은 주로 돛을 이용했으므로 바람에 의존해야만 했다. 5월과 10월 사이에 동방에서 이탈리아로 돌아오는 배들은 이 시기에 부는 북풍이나 북서풍을 만나게 된다. 그 때문에 키프로스 섬이나 북쪽에 위치한 로도스 섬을 경유해야만 했고 그로 인해 더 많은 시간이 소요되었다. 이런 연유로 동방으로 가는데 소요된 시간보다 귀항에 소요된 시간이 훨씬 길었다. 하지만 겨울 항해가 가능해지면서 11월과 12월에 동방에서 이탈리아로 돌아올 경우 순풍인 동풍을 이용할 수 있었다. 또한 이로 인해 사업의 주기와 리듬이 빨라졌다. 이제 일 년에 두 번씩 이윤을 거둘 수 있게 된 것이다. 종합하면 나침반, 해도, 방위표는 지중해의 모습을 완전히 바꾸어 놓게 된다. 결국 이러한 변화는 두 번의 항해가 필요할 만큼 경제가 성장했고 선적할 충분한 상품이 있었음을 간접적으로 증명한다. 실제로 해상 혁명은 지중해의 교역량과 그 빈도를 증가시켰다. 그리고 1300년경에 있었던 해상 혁명은 200년이 지난 15세기 말 대항해 시대를 여는 기반이 되었다.

누가 가장 많은 선박을 보유하고 있었을까?

1300년경 수송 혁명을 주도한 세력은 소수의 해상 강국들이었고, 이들은 이를 발판으로 지중해의 해상 수송에서 자신들의 지분을 넓혀 갈 수 있었다. 다티니가 남긴 기록에 따르면 1400년경 지중해에서 가장 많은 선박을 보유한 항구 도시들은 베네치아, 제노바, 카탈루냐였으며, 이들은 군소 규모의 해상 도시들을 따돌리고 지중해의 해상 수송을 분할 독점하고 있었다. 이들 해상 강국의 선박들이 14~15세기 지중해 원거리 수송을 주도한 것이다. 베네치아는 시리아와 이집트를 포함한 동지중해 지역에서, 제노바는 소아시아 반도와 대서양을 연결하는 노선에서, 카탈루냐는 시칠리아를 중심으로 한 서부 지중해에서 경쟁자들을 제치고 점차 독점적인 지위를 확보해 나갔다.

이러한 지리적 분할 독점 현상이 발생한 것은 개별 도시의 무역 구조, 수송 정책, 수송 선박의 종류 등에서 차이가 있었기 때문이다. 중세 말 서지중해에서 카탈루냐 선박이 주도적인 역할을 할 수 있었던 것은 아라곤의 영토 팽창 덕분이었다. 지리적으로 지중해 한가운데 위치했기에 중간 기항지이자 물류 창고 역할을 담당했던 시칠리아가 13세기 말 아라곤 영토로 편입됨에 따라 이를 축으로 하는 북아프리카, 이베리아 반도, 남부 프랑스, 그리고 이탈리아 반도 사이의 해상 수송은 점차 카탈루냐 선박의 수중으로 들어갔다. 그렇지만 카탈루냐의 성공은 베네치아와 제노바의 그것에는 못 미치는 수준이었고, 이는 카탈루냐 상인들이 자주 제노바와 베네치아 선박을 이용해 물건을 수송했다는 사실에 의해 증명된다.

중세 말 가장 많은 노선에 가장 많은 선박을 투입한 도시는 베네치아였다. 이는 베네치아가 보유한 선박의 규모에서도 잘 드러난다. 15세기 초엽 베네치아는 3000척의 소형선, 300척의 중대형 범선, 그리고 45척의 갤리선을 보유하고 있었으며, 소형선의 운항에는 1만 7000명, 중대형 범선의 경우에는 8000명, 그리고 갤리선의 운항에는 1만 1000명의 선원이 고용되어 있었다. 그밖에 1만 6000명의 조선공이 베네치아의 국영 조선소에서 선박 건조에 참여하고 있었다. 다른 경쟁자들과 비교해 베네치아가 가지고 있었던 가장 큰 장점은 국가 주도하의 체계적인 운영과 관리였다. 14세기 초반부터 베네치아 정부는 중요 노선에 국가 소유의 갤리 상선을 투입해 운영하기 시작했고, 갤리 상선단의 운영에 필요한 인력과 자본을 인칸토(incanto)라 불리는 경매 제도를 통해 조달했다. 갤리선 운영에 관한 제반 논의는 매년 비슷한 시기에 원로원에서 이루어졌으며, 여기서는 투입할 갤리선의 수와 운임, 항해 일정과 선적 품목 등을 구체적으로 결정했다. 1462년 북동 아프리카행 갤리선단이 창설됨으로써 베네치아는 여덟 개의 노선에 국영 갤리선단을 운영하게 되었다.

수송에 관한 베네치아 정부의 간섭과 육성 정책은 갤리선단 운영에 그치지 않았다. 노선별로 달랐지만 일반적으로 베네치아 갤리선단은 향신료와 같은 고가 상품 수송을 전담했다. 반면 면화와 같은 상품은 주로 코카 선이라 불리는 원형 범선에 의해 수송되었다. 정부는 면화의 경우 선적 가능한 시기 즉 무다(muda)[7]를 법으로 정했다. 무다는 선적 지역과 상품별로 약간의 차이가 있었는데, 통상적으로 일 년에 두 번 즉 봄 무다와 가을 무다가 있었다. 시리아와 이집트에서 봄

7) 무다는 중세 베네치아에서 크게 두 가지 의미로 사용되었는데 '정기 선단'과 '특정 지역에서 하물 선적이 허용된 기간'을 의미했다.

무다와 가을 무다는 3월과 9월이었고, 로마니아 지역에서는 4월과 10월이었다.

더 나아가 베네치아 정부는 특정 상품의 수송을 전담하는 원형 범선단을 창설했다. 1366년 시리아, 이집트 그리고 키프로스에서 생산되는 면화를 베네치아로 수송하기 위해 중대형 범선으로 이루어진 면화 선단을 창설했다. 갤리선단과는 달리 면화 선단에 참여하는 범선은 국가 소유의 선박이 아니라 개인 소유의 선박이었다. 하지만 면화 선단의 운영은 몇 가지 항목만 제외하면 갤리선단의 운영과 거의 동일했다. 즉 경매를 통해 필요한 인력과 자본을 조달했고, 정부는 수송에 관한 모든 일정과 수송비를 정했다. 키프로스행 면화 선단의 운영은 중단되었지만 알렉산드리아와 시리아행 면화 선단은 15세기 말까지 중단 없이 면화를 베네치아로 수송했다. 포도주 수송을 위해서 범선단을 파견하는 경우도 있었다. 하지만 포도주 선단은 면화 선단처럼 항시적으로 운영되지는 않았다.

제노바의 해상 수송은 거의 모든 면에서 베네치아와 달랐다. 우선 제노바 정부는 수송 문제에 적극적으로 개입하지 않았고, 정부의 권한이 그 정도로 강하지도 못했다. 수송에 관한 정부 차원의 일반적인 규정은 있었지만 대부분의 경우 수송은 선장과 상인의 계약에 의해 사적으로 이루어졌다. 하지만 더욱 중요한 차이는 이용한 선박의 종류에서 나타났다. 베네치아가 14세기 이후부터 갤리 상선을 상업 수송에 적극적으로 활용했던 것과는 달리 제노바는 갤리선을 상업 수송에 이용하는 경우가 드물었다. 이는 무역 구조의 차이에서 발생한 것이다. 베네치아가 이집트와 시리아의 향신료 수송을 독점해 나갔기 때문에 제노바로서는 향신료와 같은 고가품 수송에나 적합한 갤리선을 이용할 이유가 없었던 것이다.

제노바는 코카 선이라 불리는 원형 범선을 주로 이용했다. 제노바 코카 선은 점점 커져 15세기 중엽에 이르면 지중해에서 가장 규모가 큰 선박이 되었다. 베네치아의 코카 선도 커졌지만 제노바에 비하면 상대적으로 왜소했다. 게다가 카탈루냐의 코카 선이 베네치아보다도 작았다는 사실을 감안했을 때 제노바의 코카 선은 지중해에서 단연 독보적인 수송 능력을 가지고 있었던 것이다.

제노바가 초대형 코카 선을 도입한 이유는 명반 수송과 관련이 있었다. 제노바 상인들은 13세기 후반부터 소아시아에서의 명반 생산과 수출을 독점하게 되었는데, 문제는 명반의 가장 큰 소비처가 영국과 플랑드르였다는 사실이다. 명반은 직물 산업에 꼭 필요한 매염제로서 이들 지역에서 모직물 산업이 발전함에 따라 수요는 더욱 증가했다. 그렇지만 무겁고 비교적 저렴했던 명반을 동지중해에서 대서양으로 수송하려면 무엇보다 수송비가 관건이었고, 결국 제노바 상인은 수송비를 낮추기 위해 당시로서는 상상할 수도 없을 정도의 큰 선박을 이용하게 되었던 것이다.

명반을 수송하기 위해 초대형 선박을 이용하게 되면서 제노바의 수송 노선에 변화가 발생했다. 초대형 선박을 이용하면 몇 가지 불편한 점들이 있는데, 선적에 많은 시간이 소요되고, 흘수선이 깊어짐에 따라 수심이 얕은 항구에는 정박할 수 없다는 것이다. 이런 이유로 초대형 코카 선은 가급적이면 기항 횟수를 줄이는 수밖에 없었다. 그 결과 13세기까지만 해도 동지중해에서 대서양으로 가는 제노바 선박은 본토인 제노바 항으로 우선적으로 귀항한 후 다시 대서양으로 출항했지만, 14세기에 들어서면 점차 제노바로 귀항하는 횟수가 줄어들어 대부분의 선박이 동지중해에서 북아프리카를 경유해 대서양으로 직행하게 되었다. 이러한 단점에도 불구하고 제노바의 초대형 원형 범선은 동지중해에서 대서양으로 명반, 면화와 같은 무겁거나 부피가 많이 나가는 저가의 대중 상품들을 저렴한 수송비로 대규모로 수송할 수 있었고, 낮은 수송비 덕분에 동지중해에서 북아프리카를 걸쳐서 대서양으로 가는 노선에서 독점적인 위치를 확보할 수 있었다.

여행객을 위한 수송 서비스는 없었을까?

종교적 심성을 지닌 중세 사람들에게 여행이란 다른 무엇보다 성지 순례를 의미했다. 기독교인들에게 제일의 순례 장소는 로마, 이베리아 반도 북서부에 위치한 콤포스텔라와 예루살렘이었고, 무슬림의 최고 성지는 메카와 메디나였다. 지리적으로 로마와 콤포스텔라로 가는 순례 길은 당연히 육로였던 반면 예루살렘과 메카, 메디나로의 순례는 육로와 해로 모두 가능했다.

1차 십자군의 성공과 그 결과 성립된 기독교 왕국은 해로를 이용한 예루살렘으로의 순례 여행을 활성화시켰다. 12세기 예루살렘 왕국의 왕 보두엥 2세는 순례자들이 개인적으로 지참하는 상품에 대한 관세를 면제시켜 주었다. 기독교 왕국의 성립 이후 순례자 수는 꾸준히 증가하여 12세기 말과 13세기 초반에는 매년 몇 천 명의 순례자들이 예루살렘을 방문했다. 따라서 순례자 수송은 꽤 수지맞는 장사였을 것이다. 그러나 순례 여행객들은 이들만을 수송하는 전용 선박이 아닌 상선을 주로 이용했다. 이탈리아 상선을 이용한 순례자는 기독교인들만은 아니었다. 12세기 말 메카와 메디나로 순례 여행을 했던 그라나다 출신의 무슬림 이븐 주바이르가 남긴 여행기에 따르면 북서아프리카와 안달루시아 출신의 많은 무슬림들이 제노바 선박을 이용해 메카와 메디나로 순례 여행을 했다. 순례자 수가 늘어나면서 제노바, 베네치아, 피사, 마르세유, 안코나와 같은 주요 항구 도시들 간의 경쟁도 치열해졌다. 그러다 4차 십자군 이후 베네치아가 순례자 수송 사업에서 주도적인 위치를 점하게 되었다.

그러나 1291년 아크레가 몰락하고 이에 대한 보복으로 교황 니콜라우스 4세가 맘루크 제국과의 교역 단절을 천명함으로써 순례 사업은 잠시 어려운 국면을 맞이했다. 하지만 14세기에 들어 성지 순례 여행은 점차 되살아나기 시작했다. 1344년 이후 관계 개선과 그에 따른 교역 재개 덕분에 순례 여행도 정상화될 수 있었던 것이다. 이후 성지 순례자 수송 사업에서 베네치아의 입지는 더욱 강화되었다. 왜냐하면 순례자의 안전은 전적으로 현지 정권에 달려 있고 현지 정권과 가장 우호적인 관계를 유지했던 베네치아가 순례 사업에 주도권을 쥐고 있었기 때문이다.

중세 말 베네치아가 순례 사업에서 독점적인 지위를 확보할 수 있었던 배경은 예루살렘으로 가는 정기 순례 선단 제도의 도입이었다. 1382년경 베네치아 정부는 베네치아와 시리아의 야파 항구를 연결하는 순례 선단을 운영하기로 결정했다. 원칙적으로 순례 선단은 상품을 선적할 수 없고 순례자만을 실어 나를 수 있었다. 즉 순례자 전용 여객선이었던 것이다. 이제 갤리 상선단과 범선이 순례자를 수송하기 위해서는 정부로부터 특별 허가를 받아야만 했다. 1387년 정부는 톨로마치(tolomazi)라 불리는 관광 안내원을 관리 감독하는 법령을 제정함으로써 순례자의 편의를 도모하고자 했다. 그리고 1392년 순례자의 안전과 편의에 관한 좀 더 체계적이고 포괄적인 법령을 제정했다.

이러한 노력 덕분에 베네치아 순례 선단은 이탈리아, 독일, 헝가리, 덴마크, 프랑스, 플랑드르, 영국, 스코틀랜드, 이베리아 반도 등 유럽 전역에 명성을 얻게 되었다. 중세 말에도 여전히 제노바, 안코나, 남부 이탈리아의 항구 도시 선박들이 순례자들을 성지로 수송하고 있었지만 베네치아의 명성에는 미치지 못했다. 베네치아 순례 선단을 이용해 성지 예루살렘을 다녀온 순례자들 중 일부가 남긴 여행기는 '순례는 베네치아 순례 선단을 이용하는 것이 제일이다.'라는 당시의 분위기를 잘 보여 준다. 1480년 베네치아에서 순례 선단을 이용해 성지 순례를 다녀온 후 여행기를 남긴 밀라노 출신 관리 산타 브라스카가 "성지 순례를 하려면 베네치아로 가시오. 세상에서 그보다 안전하고 확실한 길이 없으며, 이런 서비스를 위해 매년 갤리선을 투입하기 때문이오."라고 조언할 정도로 베네치아의 순례 선단의 인기는 대단했다. 15세기 말 한 유대 인은 "베네치아 순례 선단보다 안전하고 빠르며 훌륭한 항해 수단은 없다."라면서 그 사실을 좀 더 일찍 알지 못했음을 애석해했다.

하지만 베네치아 순례 선단에 대한 불만이 없었던 것은 아니었다. 1471년 플랑드르 출신의 앙셀름 아도르노(Anselme Adorno, 1444~1511)의 이야기를 들어 보자. 그가 남긴 여행기에 따르면 아도르노의 제노바 친구들은 여름에 여행할 때는 갤리선보다는 범선을 이용하는 것이 낫고, 겨울에는 갤리선이 더 안전하다고 조언했다. 바람이 세차게 불고 폭풍이 잦은 겨울에는 신속하게 항구로 대피할 수 있는 갤리선이 유리했던 반면 상대적으로 위험이 적은 여름에는 공간이 넓은 대형 범선이 여행객들에게 더 쾌적했기 때문이다. 그래서 아도르노는 여러 국적의 많은 사람들이 좁은 공간에서 숨을 쉬기 때문에 쉽게 병에 걸릴 수 있다면서 예수 승천일 무렵에 출항하는 베네치아 순례 선단을 이용하지 말라고 충고한다. 그는 그해에 49명 이상의 순례자들이 베네치아 순례 선단을 이용하다 사망했다고 여행기에 적고 있다. 그중 네 명이 아도르노와 함께 출발한 동향인들이었다. 아도르노는 5월 7일 대형 제노바 범선에 승선했다. 범선에는 화약, 창 등의 무기와 식량과 필요한 물건들이 넉넉하게 실려 있었고, 적국인 오스만 제국과 해적들을 막아 낼 110명의 선원이 탑승 중이었다. 그러나 아도르노는 베네치아 순례 선단을 이용하지 말라고 충고하면서도 베네치아 순례 선단이 가장 일반적이고 가장 자주 운항하는 배편임을 여행기에서 고백하고 있다.

하지만 순례 사업은 십자군 시절의 활력을 이미 상실한 상태였다. 순례 비용이 높아져 형편이 넉넉한 사람만이 가능한 이야기가 된 것이다. 1458년 베네치아 순례 선단을 이용해 성지 순례를 했던 카포디리스타는 60두카토 정도가 소요된다고 했고, 1480년 순례 여행을 했던 산타 브라스카는 편안하고 안락한 여행을 위해서는 150두카토 정도가 필요하다고 말했다. 베네치아 순례 선단을 이용해 예루살렘을 다녀온 순례자는 1382년에는 300명 정도였고 이후에도 400명을 넘어서는 경우는 드물었다. 순례 선단의 규모도 1380년에서 1390년 평균 3~8척에서 15세기 초에는 2~4척 그 이후에는 한두 척으로 줄어들었다.

이슬람 상인과 기독교 상인이 한 배에 탔을까?

이슬람 상인과 기독교 상인이 한 배에 타는 사건은 빈번하게 일어나지는 않았지만 그렇다고 매우 드문 일도 아니었다. 두 종교와 문화 간의 갈등과 긴장이 전혀 없었던 것은 아니지만 또 대립과 반목을 일삼았던 것도 아니다. 역사적으로 기독교인, 유대 인, 그리고 무슬림이 함께 섞여 존재하는 상황이 그렇게 드물지는 않았다. 때론 무슬림은 기독교 세력과 동맹을 맺어 공동의 적과 싸우기도 했으며, 비잔틴 제국의 군대에는 무슬림과 기독교 병사가 함께 근무하기도 했다.

게다가 무슬림들은 기독교 선박에 대한 지분 투자도 할 수 있었다. 통상적으로 배의 지분은 바르셀로나의 경우는 16등분, 제노바는 24등분되어 있었고, 각 지분은 매매가 가능했다. 무슬림과 유대 인도 기독교 선박의 지분을 보유할 수 있었다. 역으로 기독교 상인이 이슬람 선박의 지분을 가지고 있기도 했다. 다양한 사례들이 있지만 몇 가지만 살펴보자. 1277년 튀니지의 이슬람 상인과 피사 상인은 한 선박을 공동으로 소유하고 있었고, 1302년 세우타의 영주 아제피 아부 탈레브(Azefi Abou Taleb, ?~?)는 카탈루냐 선박의 지분 중 4분의 1을 가지고 있었다. 1331년 그라나다의 술탄은 제노바 선박의 지분 중 반을 보유하고 있었고, 1454년 바르셀로나의 한 상사는 푸스타(fusta)라 불리는 튀니지의 소형 범선의 지분 중 4분의 1을 가지고 있었다. 위의 사례들이 보여 주는 것처럼 중세 지중해에서 선박의 소유와 운영은 종교적 경계를 넘어서 범 지중해 차원에서 이루어졌다.

이슬람 상인과 기독교 상인이 같은 선박을 이용하는 것이 당시로서는 그렇게 이상한 일이 아니었다. 대체적으로 무슬림들은 11세기까지는 무슬림 선박을 이용했다. 하지만 12세기 이후 기독교 선박을 이용하는 사례가 늘어났다. 물론 무슬림은 가능하다면 무슬림 선박을 이용하고 싶었을 것이다. 이슬람 상인이 기독교 선박에 탑승할 경우 잠재적인 위험을 감수해야만 했기 때문이다. 기독교 선박을 타고 가다가 기독교 사략선에 의해 나포되었을 경우 이슬람 상인의 상품은 보호받지 못했을 뿐만 아니라 선장이 마음만 먹으면 이슬람 승객을 노예로 팔아 버릴 수도 있었다. 그렇지만 여러 가지 이유 때문에 기독교 선박을 이용하지 않을 수 없었다.

1183년 2월 3일 이베리아 남부 안달루시아 출신 무슬림 이븐 주바이르가 메카를 다녀오고 남긴 순례 여행기는 다수의 무슬림들이 기독교 선박을 자주 이용했다는 사실을 보여 준다. 특히 주바이르가 여행할 당시 이집트와 시리아에서 기독교 왕국과 이슬람 세계와의 긴장과 갈등이 최고조에 달해 있었다는 점을 감안하면 이러한 사실은 더욱더 예상 밖이다. 실제로 이븐이 시리아 등지를 여행할 때 살라딘의 군대는 구호기사단(병원 기사단)이 수호하는 견고한 요새 '크라크 데 슈발리에(Krak des Chevaliers)'를 포위하고 있던 중이었다. 여행기에서 그는 무슬림과 기독교 군대가 전쟁 중에 있음에도 불구하고 여행객들은 큰 방해를 받지 않고 종교적 · 군사적 경계를 넘어 여행한다고 적고 있다. 그의 말을 빌리면 이집트를 출발한 무슬림 대상들은 아무런 제지도 받지 않고 기독교 영토를 통과해 다마스쿠스로 가거나 다마스쿠스를 출발해 기독교 왕국의 영토인 아크레로 여행할 수 있었고 마찬가지로 기독교 상인들도 이슬람 영토를 통과할 때 제지당하지 않았다. 그렇다고 여행객이나 대상을 약탈하거나 공격하는 일이 전혀 일어나지 않았다는 이야기는 아니다.

전쟁 중인 지역에서 여행객이나 상인들의 왕래가 크게 방해받지 않았다는 사실이 반증하듯이 무슬림과 기독교인들이 한 배에 타는 것은 그렇게 이상하거나 예외적인 사건이 아니었다. 이븐이 이용한 선박은 제노바 선박이었다. 왜 그는 제노바 선박을 이용했을까? 무슬림 선박이 없었기 때문일까? 분명한 사실은 무슬림 선박이 없어서 제노바 선박을 이용한 것은 아니라는 것이다. 왜냐하면 12세기 중엽 우사마흐 이븐 문퀴드(Usamah ibn Munqidh, 1095~1188)의 여행기에 따르면 이슬람 선박이 400명의 마그레브 출신 무슬림 순례자들을 알렉산드리아로 수송하고 있었기 때문이다. 우사마흐의 여행기가 보여 주듯이 이 당시에도 무슬림 선박이 이집트와 마그레브 지방을 오가면서 무슬림 순례자들을 실어 나르는 경우는 드물지 않았다. 하지만 분명한 것은 12세기 말엽 이베리아 반도와 북서아프리카의 무슬림들은 순례 여행을 갈 때 자주 제노바 선박을 이용했다는 사실이다.

주바이르의 여정을 따라가 보자. 그는 1183년 2월 3일 그라나다를 출발해 2월 29일 북아프리카의 항구 도시 세우타에서 제노바 선박에 승선했다. 선박은 미노르카, 사르디니아, 시칠리아, 크레타 섬을 경유해 3월 29일 이집트의 알렉산드리아 항구에 도착했다. 그가 타고 온 제노바 선박에는 다른 무슬림 여행객들도 있었다. 메디나 순례를 마친 주바이르는 1184년 10월 6일에 기독교 왕국의 영토였던 시리아의 항구 도시 아크레에서 다른 50명의 무슬림 순례자들과 함께 제노바 선박에 승선했다. 탑승객 중에는 기독교 순례자들도 있었다. 주바이르는 아크레에서 예루살렘을 순례하기 위해 온 기독교인들이 헤아릴 수 없을 정도로 많다면서 2,000명이 넘는

다고 말했다. 그러나 바람이 불지 않아 그가 탄 선박은 곧바로 출항하지 못하고 10월 18일에 가서야 아크레 항구를 떠날 수가 있었다.

1185년 1월 3일 무렵 선박은 시칠리아의 항구 도시 메시나 근처에서 풍랑을 만나 난파하게 되었고 일행들은 시칠리아의 왕 덕분에 가까스로 목숨을 구하고 육지에 오를 수 있었다. 주바이르는 시칠리아 섬에서 이슬람 장인들을 발견했고 아랍과 노르만의 문화와 예술이 융합해 큰 결실을 맺었다고 자신의 여행기에 기록했다. 시칠리아 섬을 구경한 주바이르가 고향으로 가는 배편을 알아본 곳은 메시나가 아니라 시칠리아 섬 서쪽에 있는 트라파니였다. 트라파니에서 이베리아 반도로 가는 배편도 제노바 선박이었다. 트라파니에서 주바이르가 승선한 제노바 선박은 다른 두 척의 기독교 선박과 함께 항해하기로 합의했다. 트라파니 항구를 막 출발한 주바이르 일행은 알렉산드리아로부터 돌아오는 제노바 출신 마르코 선장의 선박과 마주쳤는데, 그 배에는 200명이 넘는 마그레브 출신의 순례자들이 탑승하고 있었다. 1185년 4월 15일 주바이르는 이베리아 반도의 항구 도시 카르타헤나에서 내렸고 4월 25일 마침내 출발지인 그라나다로 돌아왔다. 그 이후 그는 두 번의 순례 여행을 더 떠났는데 그때에도 제노바 선박을 이용했다.

1471~1472년 예루살렘을 여행한 플랑드르 출신의 앙셀름 아도르노의 여행기 또한 중세 말에도 여전히 무슬림과 기독교인들이 한 배에 탔음을 보여 준다. 1471년 5월 7일 제노바 항구에서 출발한 아도르노는 사르디니아 섬을 경유해 북아프리카의 튀니스 항에 도착했다. 그는 6월 15일 튀니스 항에서 다른 제노바 선박으로 갈아탔는데 이 선박에는 100명가량의 무슬림 남녀가 승선하고 있었다. 그들 중 일부는 올리브유를 거래하는 상인들이었고, 일부는 메카로 가는 순례자들이었다. 그 배에는 유대 인들도 탑승하고 있었다. 배 위에서 무슬림들은 금요일에, 유대 인들은 토요일에, 기독교인들은 일요일에 예배를 드렸다.

5

누가 지중해 교역을 담당했을까?

- 유대 인들은 지중해 교역에서 어떤 역할을 했을까?
- 이탈리아 상인이 지중해 무역을 독점했을까?
- 이슬람 상인들은 지중해 교역에서 배제되었을까?

유대 인들은 지중해 교역에서 어떤 역할을 했을까?

유대 인하면 먼저 떠오르는 것은 고리대금업자라는 이미지이다. 중세 초 유대 인은 상인으로서 눈부신 활약을 했지만 시간이 갈수록 이들에 대한 적대감과 박해가 증가하면서 상업 활동은 위축될 수밖에 없었다. 교회가 기독교인의 대금 행위를 금지했던 것도 유대 인들이 이 비난받는 직종에 종사하도록 만든 또 하나의 이유이다. 그러나 이는 중서부 유럽에 거주하던 유대 인의 경우일 뿐이다. 지중해의 유대 인들은 중서부 유럽의 유대 인들처럼 대금업으로만 생계를 유지하지 않았고 중세 말까지도 여전히 농업, 수공업, 상업 등 다양한 직종에서 활동했다.

1898년 카이로에 있는 한 유대 인 예배당 안의 창고인 '게니자(genizah)'에서 발견된 문서는 10~13세기 유대 인들이 다양한 직종에 종사하고 있었음을 보여 준다. 중세 유대 어로 게니자는 버릴 문서들을 보관하는 창고를 의미했다. 유대 인들은 하느님이라는 글자가 들어 있는 문서를 신성하게 여겼고, 문서의 주인이 죽을 때 함께 묻어 주기 위해 특별한 장소에 보관했으며, 이렇게 묻힌 문서는 주인과 함께 부활을 기다린다고 믿었다. 무슬림과 기독교인들도 비슷한 믿음을 가지고 있었지만 유대 어가 하느님의 언어라고 생각하는 유대 인들은 이 문제에서 더욱 엄격했다. 이러한 믿음 덕분에 이 시기 유대 인들의 문서 중 일부가 보존될 수 있었다.

편지와 상업 계약서가 주종을 이루는 게니자 문서에는 상업 노선, 사업 방식, 거래 상품 및 가격에 관한 상세한 정보가 기록되어 있다. 이 문서에 따르면 다른 지역의 유대 상인들이 이집트 카이로를 방문했고, 카이로의 유대 상인들은 인도, 예멘, 시칠리아, 튀니지와 그 밖의 지역들까지 사업 여행을 했던 것으로 보인다. 특히 지중해 남부를 동서로 연결하는 노선이 카이로의 유대 상인들에게 가장 중요했다. 이 노선은 유럽 기독교 상인들이 자주 이용하는 노선은 아니었다. 반면 남부 프랑스, 비잔틴 제국, 모로코 등의 지역은 카이로 유대 인들의 주요 사업 무대가 아니었다. 게니자 문서는 이슬람 세계가 아시아의 향신료와 사치품을 유럽 기독교 세계에 공급하는 중개인 역할을 했음을 잘 보여 준다. 특히 유대 인들이 이러한 중개 무역에서 중요한 역할을 담당했었다.

지중해 유대 인을 둘러싼 또 하나의 오해는 중세 말 유대 인들이 국제적인 규모의 지중해 무역 특히 해상 무역에서 배제되었다는 전통적인 해석이다. 이러한 해석에 따르면 유대 인들을 지중해 해상 무역에서 쫓아낸 세력은 바로 이탈리아 상인들이었다. 실제로 제노바는 유대 인 거주를 불허했고, 베네치아는 유대 인들이 동지중해 무역에 참여하지 못하도록 막았으며 이를 위해 유대 인들이 베네치아 갤리선에 탑승하는 것을 금지했다. 또한 마르세유는 선주들에게 네 명 이상의 유대 인을 탑승시키는 것을 금지했고, 이집트로 가는 선박에는 유대 인 탑승 자체를 불허했다. 많은 역사가들이 이와 같은 견해에 동의하지만 이 또한 역사적 사실에 완전히 부합하지 않는다. 이들 기독교 항구 도시들은 원칙적으로는 유대 인의 거주와 상업 활동을 막았지만 실질적으로는 상황에 따라 다른 정책을 적용했다. 베네치아, 제노바, 바르셀로나, 시칠리아 등의 상업 도시에서 작성된 상업 문서와 공증인 계약서는 실제로 지중해 유대 인들이 중세 말에도 상업 활동에 적극적으로 참여했음을 증명한다.

베네치아 정부는 본토와 해외 식민지에서 서로 다른 유대인 정책을 활용했다. 1394년 베네치아 정부는 일시적으로 허용했던 유대 인의 베네치아 거주를 1397년부터는 완전히 금한다는 법령을 반포했다. 1423년에는 이탈리아 내 베네치아의 식민지에 거주하는 유대 인들이 부동산을 보유하지 못하도록 하는 법령을 통과시켰다. 반면 해외 식민지에 거주하는 유대 인들에게는 호의적인 정책을 펼쳤다. 그 덕분에 베네치아 식민지였던 크레타 섬의 유대 인들은 동지중해 항구 도시들을 오가며 섬에서 생산된 포도주와 곡물을 해외 시장에 내다 파는 등 활발한 상업 활동을 전개할 수 있었다.

베네치아와 마찬가지로 제노바도 억압과 호의 정책을 병행했다. 제노바 정부는 본토에서는 유대 인 거주 자체를 불허했지만 동지중해의 식민지에서는 이들의 상업 활동을 적극적으로 지원했다. 키오스 섬의 유대 인들은 섬에 곡물을 공급했으며, 직물 거래에도 참여했고 소아시아와도 상업 관계를 유지했다. 1483년 베네치아 순례 갤리선을 타고 성지를 여행한 펠릭스 파브리(Felix Fabri)가 남긴 여행기에 나오는 "유대 인들이 유럽 거의 전역에 동방의 약재와 향신료를 공급하고 있다."라는 표현은 유대 인들이 국제 해상 무역에 활발하게 참여하고 있음을 과장된 어조이지만 확실히 보여 준다.

15세기 서지중해에서 가장 왕성한 상업 활동을 전개한 유대 인은 시칠리아의 유대 인들이었다. 시칠리아의 유대 인들은 거의 모든 주요 지중해 항구 도시들과 교역했다. 시칠리아의 유대 인들은 모직물, 견직물, 원면, 산호, 향신료, 노예 등 다양한 상품을 거래했다. 반면 14세기 말까지 지중해 해상 무역에서 활발하게 참여했던 이베리아 반도의 유대 인들은 15세기 들어 몰락했다. 1391년 이베리아 반도의 유대 인 학살 사건이 서지중해 해상 무역에 종사하던 유대 상인들에게 큰 타격을 주었던 것이다. 그렇지만 이베리아 반도에서 쫓겨난 일부 유대 인들은 키오스, 크레타, 키프로스, 로도스 등지로 옮겨가 해상 무역을 계속했다.

유대 인들이 중세 말에도 여전히 지중해 해상 교역에 참여하고 있었지만 위상은 그렇게 높지 않았다. 전체적으로 유대 상인은 중소 규모의 상인들이었다. 유대 인들은 시리아의 면화 거래, 소아시아 반도의 명반 거래와 같은 대규모 사업에서는 이탈리아 상인들로부터 배제당했다. 그러나 유대 인들의 디아스포라는 지중해 교류의 촉매제 역할을 했다. 유대 인들은 이슬람과 기독교 세계를 오가며 상품과 정보를 유통시킨 것이다.

이탈리아 상인이 지중해 무역을 독점했을까?

존 홉슨(John M. Hobson, 1962~)은 자신의 저서 『서구 문명은 동양에서 시작되었다(*The eastern origins of western civilisation*)』에서 중세 후반 이탈리아가 선구자라는 주장은 하나의 신화에 불과하다고 말했다. 그에 따르면 유럽 중심주의적 시각을 가진 학자들은 중세 후반 유럽을 변화시켰던 항해 혁명, 금융 혁명, 상업 혁명 등을 강조하며 이 모든 혁신 뒤에는 진취적인 이탈리아 상업 도시들의 천재성이 숨어 있었다고 주장한다. 홉슨은 이러한 주장을 반박하며 중세 후반 이탈리아 상업 공화국과 상인들이 이룬 성과가 독창적이지도 못하고 보잘것없는 것이었다고 밝혔다. 확실히 홉슨의 주장처럼 중세 후반 지중해를 통해 이루어진 항해 혁명과 여러 기술적인 혁신과 변화의 기원이 동양이었음에는 분명하다. 그러나 중세 후반 지중해 교류에서 이탈리아 상인들이 했던 역할과 그 의미를 과소평가할 필요는 없다.

이전에는 유대 상인, 비잔틴 제국 상인, 이슬람 상인들이 하던 역할을 이탈리아 상인들이 이어받았던 것이다. 중세 말로 갈수록 지중해 무역에서 차지하는 이탈리아 상인의 비중은 더욱 커졌다. 그렇다고 유대 상인, 이슬람 상인, 비잔틴 상인, 다른 서유럽 국가의 상인들이 지중해 무역에서 완전히 배제된 것은 아니었다. 카탈루냐 상인들, 남부 프랑스 상인들, 발칸 반도의 상인들, 유대 상인들과 이슬람 상인들도 지중해 무역에서 나름의 역할을 하고 있었다. 그럼에도 불구하고 이 시기 종교적 문화적 경계를 넘어 지중해 전역을 오가면서 가장 활발하게 상업 활동을 전개한 세력은 이탈리아 상인들이었다.

이탈리아 상인들이 주도권을 확보한 분야는 해상 원거리 수송이었다. 베네치아, 제노바, 피사와 같은 이탈리아 해양 도시들이 수송 분야에서 확실한 우위를 확보하기 시작한 것은 12세기 후반부터였다. 이미 비잔틴 제국은 11세기 후반부터 베네치아 공화국의 해상 원조를 받았다. 유럽의 왕들과 제후들은 십자군 원정에 제노바와 베네치아 선박을 임대했으며 1차 십자군의 성공으로 세워진 기독교 왕국도 물자와 인적 자원을 수송하기 위해 이탈리아 선박에 의존했다. 이슬람 상인과 순례자들도 자주 제노바와 베네치아 선박을 활용했다.

수송 분야에서 우위를 점했다고 해서 이탈리아 상인들이 지중해 무역 자체를 장악했다고 말하기는 어렵다. 왜냐하면 수송 분야와는 달리 현지 시장에서 이탈리아 상인의 역할과 위상은 제한적이었기 때문이다. 이슬람과 비잔틴 시장에서 이탈리아 상인들은 현지 정권의 관리와 감독하에 있었고 그런 연유로 현지 정권의 보호와 특혜에 크게 의존할 수밖에 없었다. 이탈리아 상인들은 현지 정권이 정한 조건과 협정을 따를 수밖에 없었다.

이러한 상황은 상호 필요성의 차이에서 기인했다. 유럽은 이슬람 세계로부터 구입하거나 습득하고자 하는 것들이 많았던 반면 이슬람 세계는 유럽으로부터 기대하는 것이 별로 없었기 때문이었다. 십자군 시절 이슬람 세계가 유럽으로부터 수입하거나 수입하기를 원했던 상품은 일부 농산물과 목재, 금속, 노예와 같은 전략 상품들뿐이었다. 중세 말 유럽에서 제작된 산업 제품들이 이슬람 세계로 수출되기는 했지만 전체적으로 이슬람 세계는 유럽으로부터 많은 것을 필요로 하지 않았다. 필요한 사람이 우물을 파는 법이다. 이슬람 세계에서 얻고자 하는 것이 많았던 이탈리아 상인들은 그곳으로 갈 수밖에 없었고 현지 정권이 일방적으로 제시한 여러 조건들을 수용해야만 했던 것이다.

파티마 왕조 시절 이집트에서 이탈리아 상인들은 파티마 정부가 허용한 구역에서만 장사할 수 있었다. 푼두크(funduq)[8]라 불리는 허가 구역에는 상품 창고와 숙소가 마련되어 있었지만 현지 정권의 통제하에 있었기 때문에 치외 법권 지역으로서의 권한을 전혀 누리지 못했다. 이러한 푼두크조차도 특혜였기 때문이 푼두크를 확보한 세력과 그렇지 못한 세력 사이에는 큰 차이가 있었다. 12세기 파티마 정부로부터 푼두크를 허용 받았던 베네치아, 피사, 제노바가 다른 서유럽 상인들에 비해 알렉산드리아에서 시장에서 유리한 입장을 점할 수 있었다. 그러나 푼두크를 확보했다고 모든 것이 해결된 것은 아니었다. 유럽 상인들은 언제라도 상품을 몰수당하거나 쫓겨날 수 있었다.

맘루크 제국이 이집트와 시리아를 장악한 이후에도 이러한 상황은 별반 달라지지 않았다. 15세기 초엽 맘루크 제국의 술탄 바르스바이(Al-Ashraf Sayf-ad-Din Barsbay, 재위 1422~1438)는 이탈리아 상인들에게 일정 정도의 향신료를 자신이 정한 가격에 구입할 것을 강요했다. 이로 인해 발생한 추가 비용을 충당하기 위해 이탈리아 상인들은 공동 기금까지 마련했는데 베네치아 상인들은 이를 코티모(cottimo)라 부르고, 제노바 상인들은 마사리아(massaria)라 불렀다. 결국 유

8) 푼두크는 원래 아랍 어로 대상들이 머무는 숙소를 의미했다. 때론 상품 창고를 뜻하기도 했다. 중세 이슬람 국가에서는 외국 상인들에게 할애된, 숙소와 창고가 있는 일종의 거류지를 지칭하는 용어로 사용되었다. 베네치아에서는 약간의 변형된 형태인 폰다코(fondaco)라는 용어가 사용되었다.

럽 상인들이 이러한 부당한 요구를 감내했던 것은 그만큼 이슬람 시장에서 필요로 하는 것들이 절대적으로 많았기 때문이었다. 이러한 불안정한 상황에 있었던 이탈리아 상인들이 이슬람 내부 시장으로까지 진출하는 것은 거의 불가능했다. 그래서 이탈리아 상인을 포함한 유럽 상인들은 알렉산드리아와 베이루트 같은 지중해에 면한 몇몇 항구 도시에서 이슬람 상인의 중개를 통해서 상품 거래를 했으며 그것 또한 현지 정권이 허용한 특정 구역에서만 가능했다.

결국 맘루크 제국 내에서 상업적으로 성공하기 위해서는 무엇보다도 맘루크 황실과 우호적인 관계를 유지하는 것이 필수적이었다. 중세 말 맘루크 제국으로부터 가장 많은 특혜를 얻어 낸 세력은 베네치아였고 베네치아 상인들은 이러한 특혜 덕분에 동지중해 무역에서 중요한 역할을 할 수 있었던 것이다. 다른 유럽 세력들이 맘루크 제국과 상업 조약을 체결할 때는 항상 베네치아와의 조약이 기준이 되곤 했다. 그러나 15세기 말 시리아에서 활동했던 베네치아 상인 주안 알비세(Zuan Alvise)의 "술탄이 허가했던 내용들을 지키지 않는다면 우리는 더 이상 이곳에 머물 수 없을 것입니다."라는 이야기는 시리아 현지에서 베네치아 상인의 입지조차도 불안정한 것임을 반증한다.

비잔틴 제국에서의 상황도 유사했다. 하지만 이곳에서 유럽 상인들 특히 이탈리아 상인들의 입지는 시간이 갈수록 달라졌다는 사실을 간과해서는 안 된다. 4차 십자군 이전까지 비잔틴 제국 내에서 이탈리아 상인들의 위상은 이슬람 세계에서의 위상과 크게 다르지 않았다. 비잔틴 제국에 해상 원조를 제공한 덕분에 1082년 큰 상업적 특혜를 얻었던 베네치아가 다른 이탈리아 상업 도시의 상인들보다는 유리한 입장에 있었지만 그렇다고 콘스탄티노플 내에 독립된 자치 구역을 확보하지는 못했다. 이후 베네치아 상인들은 제국 내에서 막대한 부를 축적했지만 1171년 급기야 비잔틴 황실은 베네치아 상인의 상품을 몰수하고 이들을 감금했다. 1182년 5월에는 분노한 비잔틴의 시민들이 콘스탄티노플에 거주하는 라틴인의 건물과 재산을 약탈했고, 도망치지 못한 사람들을 살해했다. 이 폭동으로 제노바와 피사 상인들도 막대한 손실을 입었다. 12세기 후반까지 비잔틴 황실은 마음만 먹는다면 언제라도 이탈리아 상인들을 몰아낼 수 있었다.

그러나 1204년 4차 십자군은 이러한 관계를 변화시켰다. 4차 십자군의 성공으로 베네치아 정부는 비잔틴 제국 영토의 8분의 3을 확보했을 뿐만 아니라 이전까지 비잔틴 제국이 어떤 이탈리아 상업 도시들에게도 허용하지 않았던 흑해로의 통행권을 확보했다. 1261년 비잔틴 제국의 잔존 세력은 콘스탄티노플을 수복했지만 이탈리아 상인과의 관계에서 이전만큼의 주도권을 행사할 수 없었다. 특히 황제 미카엘 8세(Michael VIII, 재위 1261～1282)는 콘스탄티노플 수복에 원조를 약속했던 제노바 상인들에게 4차 십자군 이후 베네치아 상인들이 누렸던 만큼의 상업적 특혜와 콘스탄티노플 내에 페라 지구를 양도해야만 했다. 페라는 완전한 제노바 자치 구역으로서 이후 200년 동안 흑해와 지중해를 연결하는 제노바의 핵심적인 해외 식민지 역할을 했다. 제노바 상인의 영향력이 커지자 비잔틴 황실은 이를 견제하기 위해 다시 베네치아 상인들에게도 유사한 혜택을 부여했다. 그 결과 비잔틴 상업은 점점 더 이탈리아 상인의 수중에 들어갔다. 14세기 비잔틴 사람들의 한탄 어린 이야기들이 이러한 상황을 잘 보여 준다. “서유럽 인들은 비잔틴 제국 신민들의 부와 바다에서 나오는 수입 대부분을 앗아 갔다.” “비잔틴 사람들의 부, 즉 금과 은은 거의 완전히 라틴 인들의 수중에 들어갔다. 그러나 더욱 나쁜 것은 그들의 거만함이다.” 서유럽 세력에 대한 비잔틴 황실의 입지가 낮아졌다는 사실은 황후 선택에서도 드러난다. 중세 말 비잔틴 황실은 이탈리아 해양 공화국과의 우호적인 관계를 유지하기 위해 서유럽 출신의 황후를 맞이하는 경우가 늘어났다. 시간이 갈수록 이탈리아 출신 황후가 늘어났고 이러한 국제 혼인 동맹을 주도한 것은 바로 제노바였다.

그러나 14세기 후반 시작된 오스만 제국의 팽창은 이 지역에서 이탈리아 상인의 입지를 점진적으로 약화시켰다. 베네치아와 제노바는 에게 해 주변에 있는 식민지들을 점차 오스만 제국에 빼앗겼고 그로 인해 상업 활동도 제한받았다. 게다가 두 해상 공화국은 현지 식민지를 방어하기 위해 막대한 인적 · 물적 자원을 동원해야 했고 이로 인해 상업 활동이 잠정적으로 중단되는 경우가 늘어났다. 오스만 제국이 1453년 비잔틴 제국을 정복하면서 이 지역은 더 이상 이탈리아 상인의 독점 무대가 아니었다. 오스만 제국은 여전히 제국 주변에 영토를 보유하고 있었던 베네치아와 제노바를 견제하기 위해 피렌체 상인들에게 특혜를 주었다. 이제 무게 중심은 완전히 오스만 제국으로 기울었고, 이탈리아 상인들은 상업 활동을 유지하기 위해 오스만 정권과의 우호적인 관계와 특혜를 구해야만 했다.

위의 사례들에서 볼 수 있듯이 중세 후반 이탈리아 상인들이 지중해 무역의 패자였다고는 결코 말할 수 없다. 그렇다고 중세 후반 이탈리아 상인들의 진취적인 상업 정신과 모험심을 평가 절하할 이유는 없다. 이 시기 이탈리아 상인만큼 위험을 무릅쓰고 지중해 전역에서 상업 활동을 전개한 세력은 없었기 때문이다. 이탈리아 상인들은 서유럽 기독교 세계뿐만 아니라 이슬람 세계와 비잔틴 제국의 주요 시장 대부분에서 활동했다. 그리고 지중해 주요 항구 도시들 중에서 이탈리아 해상 공화국의 선박들이 기항하지 않은 곳은 거의 없었다.

이슬람 상인들은 지중해 교역에서 배제되었을까?

시기별로 지중해 무역에서 역할과 비중의 차이는 있었지만 이슬람 상인이 중세 지중해 해상 교역에서 완전히 배제된 적은 결코 없었다. 12세기 말 이슬람 선박은 마그레브와 시칠리아 사이를 오가면서 상품을 수송했고, 13세기 초 알렉산드리아 출신의 이슬람 상인 알 파킴(al Fakim)은 마르세유에서 활동하고 있었다. 14~15세기 마그레브 출신의 이슬람 상인들은 기독교 영역이었던 마요르카, 발렌시아, 바르셀로나, 사르디니아, 시칠리아 등지에서 상업 활동을 했으며, 마그레브의 이슬람 선박들은 에게 해에 위치한 제노바 식민지 키오스와 소아시아의 오스만 영토까지 이슬람 상인들을 수송했다.

소아시아 출신의 이슬람 상인들도 에게 해 주변의 기독교 식민지와 이집트의 알렉산드리아 사이를 오가면서 장사를 하고 있었다.

중세 내내 이슬람 상인과 선박이 지중해 교역에서 사라지지는 않았지만 중세 말 지중해 교역에서 이들이 차지하는 비중은 기독교 상인에 비해서 상대적으로 낮았다. 중세 말 지중해 교역의 일반적인 양상은 유럽 상인들 특히 이탈리아 상인들이 이슬람과 비잔틴 제국의 시장에 직접 가서 거래하는 것이었다. 반면 이슬람 상인들과 비잔틴 상인들이 기독교 세력권으로 장사를 오는 경우는 상대적으로 드물었다. 왜 이러한 현상이 발생했을까? 그 답은 각자가 자신들의 상황에 적합한 역할을 분담했기 때문일 것이다. 이탈리아 상인들이 이슬람 세계에서 얻고자 했던 것은 아시아로부터 들어오는 향신료였다. 그런 점에서 이슬람 상인들에게 제일 수지맞는 장사는 인도양에서 향신료를 들여와 유럽 상인들에게 판매하는 것이었다.

이슬람 세계에서 유럽의 이탈리아 상인과 같은 국제적인 거상의 출현을 가능케 한 사업 또한 바로 인도양을 무대로 한 향신료 무역이었다. 그들은 카리미(karimi)라 불리는 상인들로 향신료 무역에서 막대한 부를 축적했고 이집트 경제를 지탱하는 기둥 역할을 했다. 14세기 유명한 무슬림 여행객 이븐 바투타(Ibn Battutah, 1304~1368)가 자신의 여행기에서 인도에서 진주 사업으로 엄청난 재산을 모은 갑부를 묘사할 때와 중국 최고 갑부를 거론할 때 카리미 상인에 비유할 정도로 카리미 상인의 국제적인 명성은 대단했다.

카리미 상인의 전성시대는 12세기부터 15세기까지였다. 이들이 본격적으로 성장할 수 있었던 계기는 12세기 후반 살라딘의 새로운 상업 정책 덕분이었다. 이집트를 정복한 살라딘은 홍해 무역에서 외국 상인들을 배제하고 토착 무슬림 상인을 적극적으로 육성하는 정책을 실시했다. 맘루크 제국에서도 카리미 상인들은 술탄의 지원하에 사업을 계속 확장하며 이집트 경제에서 가장 중요한 세력으로 부상했다. 술탄은 카리미 상인의 사업을 감독하는 특별 관리를 두었으며 카리미 상인의 선박을 보호하기 위해 홍해에 무장 선단까지 제공했다. 술탄이 이들의 상업 활동을 적극적으로 후원한 이유는 이들에게서 상당한 세금을 안정적으로 거둘 수 있었기 때문이었다. 카리미의 상업 활동에서 들어오는 세금과 관세는 전적으로 술탄에게 귀속된다는 법령이 반포되기도 했다. 보호와 특혜의 대가로 카리미는 상당한 액수의 자금을 술탄에게 대부하곤 했다.

카리미 상인의 주요 거래 품목은 후추를 포함한 향신료였다. 그래서 그들은 '향신료 상인'으로 불리기도 했다. 물론 향신료 이외에도 곡물, 설탕, 무기, 여러 가지 직물, 사치품 등 다양한 상품을 취급했지만 그들의 핵심 사업은 인도양으로부터 향신료를 수송해 지중해 연안의 항구 도시에서 유럽 상인들에게 판매하는 것이었다. 향신료를 예멘의 아덴 항까지 수송하는 일은 주로 인도 상인들의 몫이었고, 아덴에서 이집트의 알렉산드리아까지 이어지는 해로와 육로 수송은 카리미 상인의 몫이었다. 이들은 자신들이 활동하는 카이로, 아덴, 알렉산드리아, 지다 등지에 푼두크를 설치하고 이곳에서 거래를 했다. 유럽 상인들은 알렉산드리아의 카리미 푼두크에서 향신료를 구입했다.

카리미 상인들은 15세기 초까지 전성시대를 구가했지만 술탄 바르스바이 치하에서 타격을 입었다. 카리미의 성공은 무엇보다도 정치권력으로부터의 보호와 특혜에 좌우되었는데 1422년 맘루크 술탄이 된 바르스바이는 이전과는 다른 새로운 상업과 세금 정책을 도입했다. 술탄은 향신료 무역을 가장 중요한 재정 수입원으로 생각하고 이를 직접 챙기기를 원했다. 이제 정부가 향신료 무역에 직접적으로 관여함에 따라 카리미 상인들이 수 세기 동안 해왔던 자유 무역은 축소될 수밖에 없었다. 게다가 맘루크 정권은 향신료, 설탕과 같은 수입 상품에 대한 국가 전매 제도를 도입했다. 정부의 재정 수입을 늘리기 위해 술탄은 타라(tarah)라 불리는 강매 제도를 카리미 상인들에게도 적용했다. 또한 1428년 카리미 상인들이 알렉산드리아 시장에서 이탈리아 상인들에게 향신료를 직접 판매하는 행위를 금지했고, 유럽 상인들에게는 자신이 정한 가격에 향신료를 구매하도록 강요했다. 이제 카리미 상인들은 술탄의 특별 허가를 받지 않고는 향신료를 사고 팔 수 없게 되었다.

이러한 노력에도 불구하고 맘루크 정권의 재정 상황은 개선되지 않았고 오히려 악화되었다. 바르스바이의 뒤를 이은 술탄 쿠쉬카담(Khushqadam, 재위 1461~1407)도 향신료 구입 업무를 특정 상인에게 위탁하며, 향신료 무역을 관리하려고 했다. 그리고 술탄으로부터 향신료 구매를 위탁받은 상인과 관리는 홍해와 인도양 무역을 관리 감독했으며 이후 국가 재정 관료로 부상했다. 따라서 기존의 카리미 상인들은 이들 특권 상인들과의 경쟁에서 뒤쳐질 수밖에 없었다.

더 읽어 볼 책들

- 김응종, 『**페르낭 브로델: 지중해 물질문명과 자본주의**』(살림, 2006).
- 장 카르팡티에 · 프랑수아 르브룅, 강민정 · 나선희 옮김, 『**지중해의 역사**』(한길 Historia, 2006).
- 재닛 아부 루고드, 박흥식 · 이은정 옮김, 『**유럽 패권 이전: 13세기 세계 체제**』(까치, 2006).
- 존 홉슨, 정경옥 옮김, 『**서구 문명은 동양에서 시작되었다**』(에코리브르, 2005).
- 토마스 F. 매든, 권영주 옮김, 『**십자군: 기사와 영웅들의 장대한 로망스**』(루비박스, 2005).
- 프랑코 지오게티, 에릭 아브란슨 엮음, 안진이 옮김, 『**범선의 역사**』(예담, 2007).

민음 지식의 정원 서양사편 005

중세

지중해 교역은 유럽을 어떻게 바꾸었을까?

1판 1쇄 펴냄 2011년 8월 26일
1판 3쇄 펴냄 2023년 9월 14일

지은이 | 남종국
발행인 | 박근섭
펴낸곳 | ㈜민음인

출판등록 | 2009. 10. 8 (제2009-000273호)
주소 | 06027 서울 강남구 도산대로 1길 62 강남출판문화센터 5층
전화 | **영업부** 515-2000 **편집부** 3446-8774 **팩시밀리** 515-2007
홈페이지 | minumin.minumsa.com

도서 파본 등의 이유로 반송이 필요할 경우에는 구매처에서 교환하시고
출판사 교환이 필요할 경우에는 아래 주소로 반송 사유를 적어 도서와 함께 보내주세요.
06027 서울 강남구 도산대로 1길 62 강남출판문화센터 6층 민음인 마케팅부

ISBN 978-89-94210-84-1 04900
978-89-94210-50-6 (세트)

㈜민음인은 민음사 출판 그룹의 자회사입니다.